Dr Walter Fiedler

Roger Rössing

Wie der Hering zu Bismarcks Namen kam

Unbekannte
Geschichten
zu bekannten
Begriffen

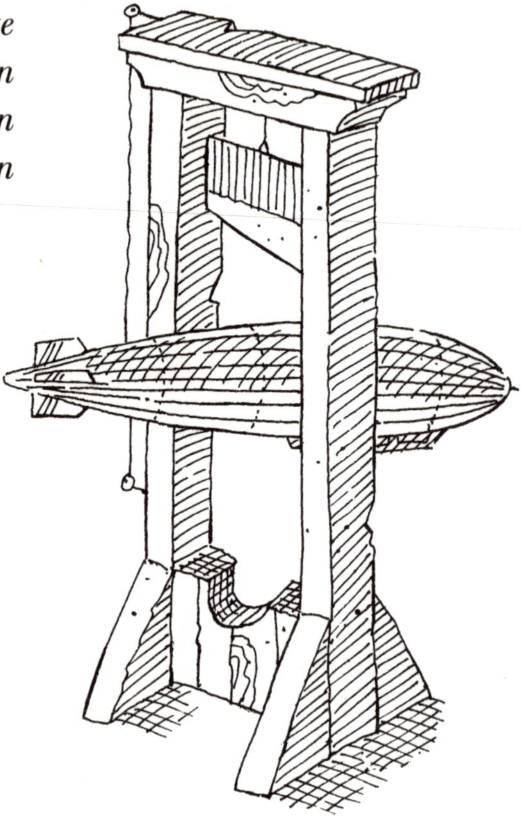

ROGER RÖSSING

WIE DER HERING ZU BISMARCKS NAMEN KAM

KOMET

Illustrationen:
LOTHAR OTTO

Rössing, Roger:
Wie der Hering zu Bismarcks Namen kam

Gesamtherstellung: Komet MA-Service und Verlagsgesellschaft mbH

AUF EIN WORT...

... soll man sich nicht festlegen. Im Anfang war das Wort, heißt es in der Bibel, gleich zu Anfang des Johannes-Evangeliums ... Und was kam dann? Der Begriff? Der Sinn? Die Kraft? Die Tat?

Der Mensch, beim Wort genommen, tut etwas. Er tut etwas, weil er im Wort steht.

Name sei Schall und Rauch, sagt Faust alias Goethe. Doch Namen können auch Kerne von Begriffen sein, so lehrt es die Erfahrung. Worte, Wörter, Begriffe und Namen – das ist unser Thema.

»Füllen Sie 20 Liter Diesel ein, aber vorher sehen Sie bitte noch nach der Kardanwelle.«

»Das macht nach Adam Riese 99.99 Dollar, umgerechnet in Forint ... nein, ich bin doch kein Krösus!«

»Du Sadist! Mir meine Rubensfigur vorzuwerfen! Du bist auch kein Adonis! Primitiv wie ein Neandertaler! Und ein Casanova obendrein!«

»Pack bitte noch einiges in den Mercedes: Meinen Bikini, deine Jeans, den Cognac und die Veronaltabletten, Heikes Teddy, für unterwegs ein paar Sandwichs (lukullisch können wir dann in Amerika essen). Oder nehmen wir zum Flugplatz doch lieber ein Taxi?«

Hätten Sie gedacht, daß sich in diesen kurzen Sätzen einundzwanzig Namen verbergen? Namen von Menschen, die auf die eine oder andere Weise Begriffe geschaffen haben oder zu Begriffen geworden sind?

Alltäglich umgeben sie uns, Tag für Tag gebrauchen wir sie: Maggi, Grog, Röntgen, Pralinen, Saxophon, Chauvinismus, Silhouette, Raglanärmel und Kaiserschnitt, Kutsche und Rolls Royce, Lynchjustiz und drakonische Strafen, Camembert und Sachertorte, Taler und Neandertaler, und sie alle haben nichts gemeinsam – außer der Tatsache, daß ihre Namen die von einstmals ganz lebendigen Menschen sind.

Gibt es ein System, nach dem Namen auf Begriffe übergehen? Keines ist erkennbar. König Zufall regiert auch dieses weite Land zwischen Adonis und Zeppelin. Mancher hochverdiente, hochberühmte Geist bekam von der Nachwelt keine Chance, in einem Begriff weiterzuleben. Manch anderer dagegen gleich mehrfache. Dafür haben triviale, moralisch indifferente, ja sogar verwerfliche Tatbestände einigen Namen bedenkenlos das Überdauern gesichert.

Es gibt mehrere hundert solche Vokabeln in unserer Sprache. Auf relativ wenige mußten wir uns beschränken. Es war wie ein Parisurteil: Wer soll den goldenen Apfel bekommen? Das Wort mußte erstens bekannt genug sein und im Wortschatz möglichst vieler Leser vorkommen, zweitens sich mit einer mitteilenswerten Geschichte verbinden lassen. So ist es erklärlich aus erstens, daß der Siemens-Martin-Ofen, die Alzheimersche Krankheit und das Mesmerisieren draußen vor der Tür bleiben mußten. Und erklärlich aus zweitens (leider), daß man im Sachwortverzeichnis den Geigerzähler, den Davispokal und die blaue Mauritius vergebens sucht.

Der Autor hat bei seinen Recherchen oft den Kopf geschüttelt, mitunter herzlich gelacht, sich hinter den Ohren gekratzt und wohl auch gelegentlich »Aha!« ausgerufen. Möge es dem Leser ebenso ergehen!

Roger Rössing

TALER, TALER, DU MUSST WANDERN

Auch wenn's um das liebe Geld geht, sind Namen als Ursprung der Begriffe nicht wegzudenken. Wer Geld hat, hat heute Kies, Mäuse, Piepen, Moneten – und eben die Moneten waren die Münzen des alten Rom, geprägt in der Münzstätte beim Tempel der Juno Moneta (Juno, der Warnerin). Unser Wort Münze ist also eine Abwandlung der Moneta. Im Money der Engländer und Amerikaner lebt die Moneta fremdsprachig weiter.

Mammon – so heißt in der Bibel der Götze der Gewinnsucht, und nicht anders meint es einer, der heute vom schnöden Mammon spricht.

Wo wird das große Geld gemacht? An der Börse, die seit dem 16. Jahrhundert so heißt und ihren Namen von der Familie van der Burse in Brügge entlieh: Sie hatte nämlich in ihrem Familienwappen keinen Löwen, keinen Adler, noch nicht mal eine Maus, sondern die Geldbörse.

Bleiben wir heraldisch. Freiburg im Breisgau führte den Adler im Wappen, er wurde folglich der Münze aufgeprägt. Aber der Vogel war nicht sonderlich gut gelungen, der Volksmund machte daraus einen Raben, der Rappen kam aus dem Wappen. Ein anderes, das der Stadt Florenz, zeigte die namengebende Lilie (florenus); die Münze aus Gold,

1252 geschlagen, nennt sich danach Florin. Nun herrschten ja die Anjoukönige im 14. Jahrhundert auch über Ungarn. So geriet die Lilie auf das ungarische Geld, der Forint war geschaffen. Und keiner soll, wenn es ums Geld geht, Blume mit Blüte verwechseln.

Der Taler kehrt auch im italienischen ›tallero‹ sowie im niederländischen ›daalder‹ wieder.

Viele Währungen wurden nach dem Ort ihrer Prägung benannt. Nach Hall, der altschwäbischen Reichsstadt, der Haller Pfennig, der Heller. Nach der ersten aus Guineagold geschlagenen Münze die Guinee (1664). Nach dem Herzogtum Apulien (ducatus Apulia) der Dukaten. Nicht zuletzt der Joachimsthaler (1519 im böhmischen Joachimsthal geprägt), der später seinen Vornamen verlor und nur noch Taler hieß. Den Taler gibt es nun nicht mehr. Er ist ausgewandert nach Amerika. Er nennt sich dort smart und elegant Dollar. Und die Zeichen stehen so, daß er möglicherweise eines Tages keinen Taler mehr wert ist.

EIN KLASSISCHER SCHLAFTRUNK LEBT FORT

Ein Reisender sitzt im Expreßzug nach Verona. Es ist Nacht. Lichter huschen vorüber. Das Schlagen der Räder auf den Gleisschwellen ist wie das Ticken einer überdimensionalen Uhr. Der Mann hat vor sich auf den Knien eine Tasche, darauf liegt ein Manuskript. Er ist vertieft in die Schriftzeichen. Es ist, als läse er in einem spannenden Roman. Vorbei flitzen an den Fenstern die Signale, die Lichter, die sparsam beleuchteten Bahnsteige, vorbei donnert ein beleuchteter Gegenzug.

Es öffnet sich die Abteiltür. Ein zweiter Mann tritt ein. Der Sitzende schaut auf. Über sein Gesicht fliegt ein Lächeln des Erkennens: »Dr. Fischer! Herzlich willkommen. Bitte nehmen Sie Platz.« Die beiden Männer schütteln sich die Hände. Der Zug rattert. Verona entgegen.

Die zwei Männer sind inzwischen im angeregten Gespräch. Josef von Mering ist, ebenso wie sein Kollege Dr. Emil Fischer, auf der Reise zu einem Gelehrtenkongreß (Symposium der Pharma-Industrie würde man heute sagen), er hat im Gepäck die Formel für ein ganz neues, revolutionierendes Schlafmittel. Es ist schon an Tieren, später auch an menschlichen Patienten vielfach ausprobiert, die Ärztekollegen in Berlin haben anerkennend die Augenbrauen gehoben und dem

Erfinder ein ungewöhnliches Lob gezollt. Sein weltbekannter Kollege Dr. Fischer, der 1902 für seine synthetischen Arbeiten auf dem Gebiet der Zucker- und Puringruppen den Nobelpreis für Chemie erhielt, hat ihm bei der Errechnung des Narkotikums hilfreich zur Seite gestanden.

Eine Stunde später. Die Flasche Champagner, die Josef von Mering aus seinem Koffer hervorgeholt hatte, ist längst geleert. Die beiden Forscher sind in ein profanes Gespräch vertieft: »Wie soll es heißen, das liebe Kind?«

»Somnambulin«, schlägt Dr. Fischer scherzend vor. »Das hat einen Klang von Krankheit, Somnambulismus ... nein, wir müßten einen treffenderen Namen finden.«

»Nach dem antiken Gott der Träume, Morpheus?«

»Erstens schläft man mit unserem Mittel traumlos fest, zweitens gibt es schon das Morphium, das Morphin ...«

Der Zug rattert weiter. Verona entgegen.

Verona, die Stadt der Liebenden, Romeo und Julia. Deren auf den Tod verfeindeten Familien Montague und Capulet. Das Gespräch im Zugabteil muß sich wohl dem Shakespeare-Drama zugewandt haben. Pater Lorenzo hatte Julia den Trunk verabreicht, der sie in einen todesähnlichen Schlummer

Das Morphium, im Jahre 1804 von dem Apotheker Sertürner entdeckt, wurde benannt nach Morpheus, dem Traumgott, der für die ›trügerischen Träume‹ verantwortlich zeichnete. Phantasos der zweite Traumgott, betreute die ›wahrhaftigen Träume‹ und lieh unserer Phantasie also zu Recht seinen Namen. Beide waren Söhne des Schlafgottes Somnos.

sinken ließ und den geliebten Romeo durch einen Irrtum, eine Täuschung in den tragischen Selbstmord trieb.

Dr. Fischers Auge blitzt. »Verona. Veronal. Wie wär's mit VERONAL?«

Die Barbitursäure, die dem Veronal zugrunde liegt, ist 1863 von Baeyer entdeckt worden. Er hat sie nach seiner Jugendliebe Barbara benannt.

Veronal war über Jahrzehnte hinweg und ist bis in die Gegenwart ein geschützter Warenname für die Diäthylbarbitursäure, die von den Chemikern Josef von Mering und Emil Fischer 1903 entwickelt wurde und zu den wirksamsten Schlafmitteln der Welt gehört, auch als Bestandteil zahlloser Nachfolgeprodukte der Arzneimittelindustrie.

STUFEN DES RUHMS

Ruhmlosigkeit ist, nach dem russischen Dichter Fjodor Gladkow, existieren ohne eine Spur zu hinterlassen. Doch wieviel Ruhm braucht der Mensch? Ist es für einen ehrgeizigen Mann schon Ruhmes genug, wenn ein Buch unter seinem Namen erschienen ist?

John Montague, 4. Earl of Sandwich (1718–1792), von dem in unserer Geschichte die Rede ist, hatte ein solches Buch veröffentlicht: »Reise um das Mittelmeer« – ein Vorläufer heutiger Globetrotter-Literatur.

Doch der Ruhm des Grafen ist damit erst auf seiner ersten, unteren Stufe beschrieben. – Um ein Vielfaches bekannter wird der junge Autor, als er in diplomatischer Mission für sein Vaterland in der Fremde Dienst tut, in Spanien. Er avanciert zum Ersten Lord der britischen Admiralität, wird Postminister. Doch auch der Ruhm seiner Karriere im Staatsdienst ist flüchtig, vergleicht man ihn mit dem, was dem Earl ferner widerfährt: Der Weltreisende James Cook gibt, noch zu des Earls Lebzeiten, einer Inselgruppe der Südsee den Namen SANDWICH-INSELN – gelegen inmitten des Pazifik, im Zweiten Weltkrieg bekannt geworden durch den japanischen Angriff auf Pearl Harbour. Inzwischen trägt eine weitere Inselgruppe bei den Südantillen im Atlantik den Namen »Süd-Sandwich-Inseln«, und ein 8400 Meter tiefer Meeresbodeneinschnitt erhielt die Bezeichnung »Sandwichgraben«. Am Westufer von Namibia heißt eine bedeutende Bucht die »Sandwichbay«. Ist es damit genug? Der Ruhm des Grafen besiegelt, der Nachruhm gesichert, die Glorie vollendet? O nein.

Die Stadt Sandwich in der englischen Grafschaft Kent ist nach einem Verwandten unseres Earl benannt worden.

Für die letzte und höchste Sprosse auf der Leiter zur Unsterblichkeit ist sein Hang zum Kartenspiel verantwortlich. Eines Tages, der Graf sitzt wieder einmal mit erlauchten Freunden am Spieltisch, meldet sich im Innern unseres Mannes ein höchst profanes Begehren: Hunger. Das Kartenspiel aber ist spannend, die Gewinnchancen sind verlockend, der Graf kann das Spiel jetzt einfach nicht unterbrechen. Aber höchstdero erlauchter Magen knurrt unerbittlich, nicht achtend der Gesetze des Glücksspieles noch des höheren Anstandes. Das Organ meldet sich wieder und wieder. So läutet der Herr Graf endlich seinem Diener und gebietet ihm, ein paar mit Butter bestrichene Brote anzufertigen, zwischen denen ein wenig Schinken und Wurst und Käse eingeschlossen ist. Dies erst ist die Krone, die sich der Earl of Sandwich selber aufsetzt. Das Sandwich ist geboren. Es zementiert den Ruhm seines Erfinders von Epoche zu Epoche, Ursprung für eine Woge zutiefst unadeliger Eßgewohnheiten.

DAS BERÜHMTE TAL DES JOACHIM NEUMANN

Diese kleine Story handelt von einem Mann, der heute längst vergessen wäre, wenn nicht sein Großvater ...

Aber beginnen wir ausnahmsweise die Sache von hinten zu erzählen. Jedes Schulkind kennt heute den Neandertaler, unseren altsteinzeitlichen Vorfahren, jenen wichtigen Seitenzweig der menschlichen Evolution. Doch nur wenige Erwachsene wissen, daß dieser Name vom Fundort des urzeitlichen Skeletts abgeleitet wurde. Schätzungsweise 50 000 Jahre hatten die Gebeine unter Lehm- und Gesteinsschichten geruht. Im Neandertal, einem kleinen von der Düssel gebildeten Taleinschnitt, zwischen Elberfeld und Düsseldorf gelegen, waren seit Anfang des 19. Jahrhunderts Kalksteine gebrochen worden. Im Frühjahr des denkwürdigen Jahres 1856 stießen Steinbrucharbeiter auf die sogenannte Feldhofer Grotte, eine unzugängliche Kalksteinhöhle. Beim Abtragen der starken Lehmschichten kamen große Knochen zutage, die man zuerst für die eines Höhlenbären hielt. Der Fund wurde dem Steinbruchbesitzer gemeldet, dieser zog einen Elberfelder Lehrer, Dr. Karl Fuhlrott, zu Rate. Der wanderte im Sommer 1856 mit einigen Helfern hinaus ins Neandertal und versuchte, den Fund mit aller gebotenen Sorgfalt zu bestimmen und vielleicht weitere Fundstücke zu sichern. Eindeutig stellte er fest: Dies sind die Gebeine eines Menschen. Ein alsbald gefundener Schädelteil veranlaßte ihn zu der Erkenntnis, die von heutigen Menschenschädeln abweichenden Formen ließen darauf schließen, daß es sich um einen Vormenschen handle. Leider konnte trotz aller Bemühung nicht das gesamte Skelett geborgen werden, neben dem Schädeldach waren es nur einige Arm- und Beinreste. Die fehlenden Teile waren durch das schnelle Weiterräumen und das übereilte Abkippen des Abraums verlorengegangen (eine Art von Fehlleistung, wie sie nie zu veralten scheint).

Der Begriff Darwinismus hat seinen Ursprung im Namen des Charles Darwin (1809–1882), dessen Hauptwerk »Die Entstehung der Arten« nicht nur über Nacht zum Bestseller wurde, sondern seinem Autor ein Übermaß an Anfeindungen einbrachte. Nirgendwo in seinen Schriften ist allerdings direkt davon die Rede, daß der Mensch vom Affen abstammt.

Der Neandertaler Fund löste jedenfalls in der Fachwelt, aber auch in der Öffentlichkeit beträchtliche Aufregung aus. War doch die damals junge Darwinsche Vererbungslehre durchaus noch nicht allgemein akzeptiert, wurde vielmehr von vielen Konservativen als Gotteslästerung verunglimpft. Und nun ein Fund, der einen wichtigen Mosaikstein in dem neuen wissenschaftlichen Weltbild darstellen konnte! Der Urmensch hatte seinen Namen nach dem Neandertal bekommen. Woher aber stammt dessen Name?

Ein junger Mann namens Joachim Neander war im Jahre 1674, im Alter von nur 27 Jahren, Rektor des Düsseldorfer Gymnasiums geworden. Er entstammte einer angesehenen Bremer Theologenfamilie und pflegte seine dienstfreie Zeit damit zu verbringen, fromme Lieder zu dichten. Die Gesamtausgabe seiner Dichtung erschien unter dem seltsamen Titel »A et O, Joachim Neandri Glaub- und Liebesübung«. Um sich für seine gottgefälligen Lieder durch die Romantik der Natur anregen zu lassen, wanderte er wieder und wieder in das nahegelegene Düsseltal, zu dem plätschernden Bach, den bizarren Felsen, zu einer auf dem Kalkboden üppig gedeihenden Pflanzenwelt. Die Anwohner vermißten etwas, wenn der fromme Poet nicht ins Tal kam.

Ins Tal des Neander, ins Neandertal, wie schon bald auf einer Karte zu lesen war. Von dem jungen Lehrer und Dichter, der schon mit dreißig Jahren starb, ist nicht viel auf die Nachwelt gekommen. In evangelischen Gesangbüchern sind noch einige seiner Kirchenlieder enthalten, darunter der Choral »Lobe den Herren, den mächtigen König der Ehren«. Er wäre heute längst in Vergessenheit geraten, wenn nicht. . .

Eine Nachbemerkung sei gestattet. Joachims Großvater hatte den ursprünglichen Familiennamen Neumann einer Zeitsitte entsprechend gräzisiert, das heißt mit »Neander« ins Griechische übertragen. Gräzisierte und latinisierte Namen waren in der Epoche des Humanismus keine Seltenheit, Agricola für Bauer, Casanova für Neuhaus, sogar solche Namensungetüme wie Regiomontanus für Königsberger kommen vor. Sie gaben dem Träger einen Anstrich von Gelehrtheit und signalisierten Bildung. Wäre Joachims Großvater nicht auf diese Idee verfallen, würden wir heute möglicherweise von einem unserer Urvorfahren als Neumannstaler reden.

DER SÄULENHEILIGE AUS BERLIN

Wer mag das sein: Sie ist rundlich, adrett anzusehen, obwohl sie nur aller paar Jahre ihren Mantel wechselt, sie steht meist in den Straßen der Großstädte und wird von Männern und Frauen mit gleich unverhohlenem Interesse angestarrt. Auf besondere Weise ist sie bekleidet: Ein Kleid zieht sie immer über das andere, bis ihre Gestalt so dick geworden ist, daß man ihr alles herunterreißt – und dann ist sie wieder schlank wie am ersten Tag.

Gemeint ist natürlich die Litfaßsäule. Sie ist im Straßenbild deutscher Städte erst seit reichlich hundert Jahren zu sehen. Vorher war der Plakatanschlag eine höchst ungeregelte Angelegenheit: Man klebte Bekanntmachungen, Theaterzettel, Konzertankündigungen und vereinzelt auch Werbeplakate einfach an Wände, Straßenecken, Mauern, Bäume oder Brunnen. »Eine Hautkrankheit der Städte« nannten Zeitgenossen diesen Zustand. Die Entwicklung der Kommunikation und der Stand der Industrieproduktion brachten es mit sich, daß immer mehr solcher Ankündigungen notwendig wurden, und so mußten auch neue Formen für deren Präsentation gefunden werden.

Die Plakatsäule ist keine deutsche Erfindung. So wurde in London bereits 1824 ein Patent an G. S. Harris vergeben »für eine fahrbare Säule zum Anschlag von Plakaten und Verordnungen«, 1832 ließ sich in Wien der Inhaber einer Dekorationsfirma einen »Wechselrahmen zur Einhängung von Plakaten« patentieren.

In Berlin gab es um diese Zeit einen rührigen Druckereibesitzer und Verleger, Ernst Litfaß. Der saß eines Abends mit seinem Freund Ernst Jakob Renz, dem Begründer des ersten deutschen Großzirkus, zusammen beim Bier. Renz hatte ein großes buntes Zirkusplakat bei der Druckerei Litfaß in Auftrag gegeben.

»Schön wär's, wenn die Plakate nicht irgendwo angepappt würden, sondern regelrecht ausgestellt und dargeboten«, gab Renz dem Freund zu überlegen. Er wollte auch mit ein paar Mark behilflich sein, falls der eine Idee hätte ...

Ernst Litfaß begann nachzudenken. Über die Notwendigkeit des ordentlichen Plakatanschlages in der preußischen Hauptstadt. Und sicherlich auch über die Möglichkeit schöner Einkünfte ... Bald schon ließ er sich beim Berliner Polizeidirektor melden, der natürlich ebenfalls Interesse an beiden Aspekten der Sache zeigte. So kam ein Vertrag zustande, der dem Ernst Litfaß die Urheberschaft für die Säulen aus Eisenblechrohr auf Betonsockel bescheinigte und ihm die Aufstellung von zunächst 150 Stück im Berliner Stadtgebiet zusicherte.

Am 1. Juli 1875 wurde die erste Litfaßsäule in der Münzstraße aufgestellt. Litfaß, dem der Berliner Volkswitz den Spitznamen »Der Säulenheilige« zugeeignet hatte, brachte schon bald ein Plakat heraus, das für seine Druckerei – und für seine neuen Anschlagsäulen warb. Dieses Blatt, das längst ein Blatt im Geschichtsbuch der Plakatkunst geworden ist, zeigt eine jener Säulen, umlagert von Neugierigen. Auch ein kleiner Junge und ein Hund sind unter denen, die die Anschläge aufmerksam studieren. Das Plakat enthält in seiner Umrahmung die Zeile »BERLINS NEUE ANSCHLAG SÄULEN« sowie eine Darstellung ihrer Verwendungsmöglichkeiten als Toilette oder als Ummantelung einer Wasserpumpe. Die heute meistverbreitete Nutzung des Säuleninnenraums als Transformatorenstation war auf dem Litfaß-Plakat freilich noch nicht abgebildet. Erst 24 Jahre später erfand Edison die Glühlampe.

Die Litfaßsäule der neuesten Generation, auf dem Bremer Bahnhof aufgestellt, kann sprechen. Sie ist mit 100 Megabyte Speicherkapazität ausgerüstet und errechnet in Sekundenschnelle für die Fahrgäste die günstigsten Verkehrsverbindungen.

WENN ICH TOT BIN, SOLL ES MIR WENIGSTENS GUT GEHEN

Ein König, der von 377 bis 353 vor unserer Zeitrechnung über Karien, eine Provinz der Halbinsel Kleinasien, regierte, hat für mindestens 24 Jahrhunderte prunkvollen Grabmalen seinen Namen vermacht.

Das kam so: Sieben Jahre vor seinem Tode, um 360 v. Chr., dachte König Mausolos über das Leben, das Sterben der Menschen und die Unsterblichkeit der Götter nach. Dabei kam ihm ein Einfall: Könnte sich der Sterbliche nicht durch ein besonders kunstreiches und kostbares Grabmal eine Art Ersatz für die Unsterblichkeit schaffen? Er beschloß, für sich selbst und seine Frau eine Riesengrabstätte in Halikarnassos in Auftrag zu geben. Artemisia war nicht nur die Ehefrau, sondern auch die leibliche Schwester des Mausolos.

Das gemeinsame Grabmal wurde schon bald projektiert; Bauarbeiten begannen. Vollendet wurde es erst, als der König und seine Gattin längst gestorben waren.

Es galt in der Antike als eines der sieben Weltwunder neben den ägyptischen Pyramiden in Memphis, den hängenden Gärten der Semiramis in Babylon, dem Artemistempel in Ephesos, der Gold-Elfenbein-Statue des Zeus in Olympia, dem Koloß von Rhodos und dem Leuchtturm auf der Insel Pharos.

Seine Gestalt ist uns durch die Schilderung antiker Autoren und durch Ausgrabungen des englischen Archäologen Charles Newton einigermaßen überliefert. Es hatte wohl eine Höhe von fünfzig Metern. Auf einem mächtigen Quadersockel mit mehr als 130 Metern Umfang stand eine Säulenhalle von ionischer Ordnung. Ein gigantisches Amazonen-Relief schmückte den Bau. Die Krönung des Werkes bestand aus mehreren überlebensgroßen Skulpturen und einer Quadriga auf pyramidenförmigem Dach. Das damals vielbestaunte Wunderwerk ging zugrunde durch ein Erdbeben – keiner weiß genau, in welchem Jahr das war.

Fest steht nur, daß im 14. Jahrhundert der Johanniterorden damit begann, die Überreste des Grabmals als Steinbruch für den Bau der Petersfeste zu Halikarnassos (heute Bodrum) zu benutzen. Die Mönche haben damals ihre Arbeit mit solcher Gründlichkeit betrieben, daß nur noch Spuren und Reste von dem einst weltberühmten Bauwerk Zeugnis geben.

Ein beträchtlicher Überrest des Reliefs vom Mausoleum des Mausolos, das von den Künstlern Bryaxis, Leochares und Skopas geschaffen wurde, ist heute im Britischen Museum zu besichtigen.

Sein Name aber blieb in aller Munde. Schon im Altertum nannte man prachtvolle Grabstätten Mausoleen, in Rom selbst die Engelsburg, das Grabmal für alle römischen Kaiser von Hadrian bis Caracalla, in Ravenna das Mausoleum des Theoderich. Und bis in unsere Tage – denken wir nur an das Mausoleum auf dem Roten Platz in Moskau – ist der Begriff allerorten und in vielen Sprachen lebendig geblieben. Als Ersatz für die Unsterblichkeit?!

ALS DAS WATT NOCH EINEN VORNAMEN HATTE

Wer zum ersten Mal das Wort Farad liest, mag zunächst annehmen, hinter seinem Rücken habe eine Rechtschreibreform stattgefunden. Erst langsam dämmert es wieder, daß wir der Einführung von SI-Einheiten dieses Wortgebilde zu verdanken haben. Es bezeichnet die Maßeinheit für die Kapazität und leitet sich von Michael Faraday her, dem Entdecker des Faraday-Effekts, des Faraday-Käfigs und der Faraday-Gesetze. Viele solcher heute gebräuchlichen technischen Bezeichnungen fußen auf Namen von Wissenschaftlern, das Volt, das Ampère, das Ohm, das Coulomb, das Curie, das Hertz, das Newton, das Joule, das Becquérel und nicht zuletzt das Watt, die Einheit der Leistung.

Eine erstrangige Leistung ist es in der Tat, durch die sich James Watt, der schottische Erfinder, auszeichnete. Er ist es, der dem Menschen die Muskelkraft durch Maschinenkraft ersetzte, dem wir für einen Grundpfeiler der ersten industriellen Revolution zu danken haben: die Dampfmaschine! Ohne ihn keine Eisenbahn, kein Dampfschiff, keine Maschinenstürmer. James Watt, der 1736 geboren wurde, hat die Grundbegriffe des Handwerks in der Zimmerwerkstatt seines Vaters erlernt. Mit 21 Jahren wurde er als Universitätsmechanikus nach Glasgow beru-

Die Newcomen-Maschine war eine Vorgängerin der Dampfmaschine, genannt nach ihrem Erfinder Thomas N. (1663–1729). Watt spottete über ihren Wirkungsgrad: »Um sie zu bauen, braucht man ein Erzbergwerk; um sie zu befeuern, ein Kohlebergwerk.«

fen, wo er bescheiden leben konnte. 1763 wurde für ihn zum Schicksalsjahr, da übergab man ihm nämlich eine sogenannte Newcomenmaschine zur Reparatur. Er studiert sorgfältig deren Konstruktion und macht sich Gedanken darüber, wie man sie verbessern könnte. Als seine Ideen herangereift sind, trägt er sie dem Fabrikanten Matthew Boulton vor, der ihm sofort Geld und Unterstützung anbietet. 1774 geht Watt als Kompagnon Boultons nach Soho bei Birmingham, ein Jahr später ist mit der Firma Boulton & Watt die erste Dampfmaschinenfabrik der Welt gegründet. Es folgen sehr erfolgreiche Jahre, man fertigt die Maschinen für acht Münzprägewerke, unter anderem für den Export nach Rußland.

Bis 1780 wurden 40 Maschinen produziert für Gebläse, für Schmiedehämmer, Getreidemühlen und Sägewerke. Ein Patent für die Vorrichtung, welche hin- und hergehende Kolbenbewegungen in rotierende Bewegung verwandelt, ermöglicht es, den Wirkungsgrad und die Mobilität der Maschinen wesentlich zu steigern. Neben vielen Einfällen zur weiteren Verbesserung dieser Maschinen hat Watt auch ganz andere Dinge erdacht, zum Beispiel einen Briefkopierer und einen Gewebetrockner. Aber sein Hauptinteresse galt den Dampfmaschinen, von denen die

Firma im Zeitraum von 1787 bis 1800 allein 84 in englische Baumwollspinnereien installiert hatte. Im Jahr 1900 arbeiten in England über 5000 Wattscher Maschinen! An den Erfinder erinnern allein in Großbritannien fünf Denkmale.

Daß in diesem Mann Geschäftssinn mit hoher Intelligenz gepaart waren, darüber gibt folgende Anekdote Auskunft: Watt sollte bei einem Londoner Brauereibesitzer eine seiner Dampfmaschinen installieren. Der Fabrikant wollte aber die Maschine nur kaufen,

Nicht nur technische Einheiten, sondern auch chemische Elemente tragen die Namen von Entdeckern: Curium, das 96. Element, nach Marie Curie; Einsteinium, das 99. Element, nach Einstein; Nobelium, das 102. Element, nach Nobel...

wenn sie in einer bestimmten Zeit die gleiche Wassermenge hochpumpen würde wie eines seiner Göpelpferde. Nach vier Stunden brach das Tier vor Erschöpfung in die Knie, die Maschine aber arbeitete hurtig weiter. Watt errechnete aus der geleisteten Arbeit den Wert, den er mit 1 PS, einer Pferdestärke, bezeichnete. Dabei hatte er selbst schon erkannt, daß die wirkliche Arbeitskraft eines Pferdes weit unter diesem Wert liegt, nämlich zwischen 35 und 50 Meterkilogramm pro Sekunde (ein PS bezeichnet dagegen 75 Meterkilogramm pro Sekunde). Watt & Boulton haben ihren Auftrag bekommen.

Die Bezeichnung PS ist nun auch schon wieder überholt. Heute heißt die SI-Einheit Kilowatt (KWh). Wie viele andere nachdenkliche Leute hat sich auch der Erfinder W. Nernst über die unentwegte Einführung neuer Maßeinheiten lustig gemacht. Er sagte in einer seiner vielbesuchten Vorlesungen: »Ich würde eine Einheit für die Durchlaßgeschwindigkeit von einem Liter pro Sekunde ‚ein Falstaff' nennen.«

IN EINEM ATEMZUG MIT MOZART

Sie hörten das Streichquartett in Es-Dur von Wolfgang Amadeus Mozart, Köchelverzeichnis Nr. 614...« So klingt es aus dem Radio. Fast alle Tage hört man diesen Begriff. Was für ein Mann verbirgt sich dahinter?

Ludwig Alois Friedrich Köchel wurde im Jahre 1780 in Stein an der Donau geboren. Schon mit 27 Jahren ernannte man den arbeitsamen und gebildeten Mann (er hatte Naturwissenschaften, Philosophie, Musikgeschichte und Recht studiert) zum Erzieher am Wiener Kaiserhofe. Seine Schüler waren die Erzherzöge Albrecht, Carl Ferdinand, Friedrich und Wilhelm. In seinem 32. Lebensjahr wurde er Kaiserlicher Rat, im 42. gar Ritter des Leopoldordens. 1847 trat er mit Erzherzog Friedrich eine Seereise an, die nach Algier, Portugal, England und Schottland führte. Seit dem Jahr 1843 »privatisierte« Köchel. Was ist darunter zu verstehen? Eine Art Rentnerdasein?

Weit gefehlt. Er widmete sich vielmehr den Studien, für die er vordem keine Zeit gehabt hatte, trieb zum Beispiel botanische Erkundungen in ganz Europa bis hinauf nach Skandinavien. Ferner schrieb er Bücher, unter anderem eines zum Thema »Mineralien im Herzogtum Salzburg« und eines über die Musik am österreichischen Hofe.

Musik war seine geheime Leidenschaft. So packte ihn eines Tages die wahnwitzige Idee, die zahlreichen Werke Mozarts zu ordnen und nach ihrer Enstehungszeit aufzulisten.

Im Verlauf mehrerer Jahr, als Frucht einiger Reisen und langwieriger Ermittlungen, kam das Köchelverzeichnis zustande, im Originaltitel »Chronologisch-thematisches Verzeichnis sämtlicher Tonwerke Wolfgang Amadeus Mozarts« genannt. Es erschien 1862 bei Breitkopf & Härtel in Leipzig. Die Musikliteratur verdankt dem Ritter von Köchel noch weitere Arbeiten, etwa die Herausgabe von 83 bis dahin unbekannt gewesenen Beethoven-Briefen und eine Untersuchung über die Hofmusikkapelle im Zeitraum von 1543 bis 1547.

Der höchste Lohn für seine Mühen dürfte indessen sein, daß sein Name fast immer mit dem geliebten Salzburger Meister in einem Atemzug genannt wird: »Sie hörten das Streichquartett Es-Dur von Wolfgang Amadeus Mozart, Köchelverzeichnis Nr. 614...«

DER HUND VON NIEDERROSSLA

Da gab es 1850 in Apolda Hundemarkt, genau am Sonntag nach Pfingsten. Veranstalter war der »Verein zur Veredlung von Hunderacen für Thüringen«, und von acht Uhr bis mittags spielte fleißig eine Blaskapelle gegen das Gebell von hundert Hunden an. Unter den Besuchern war ein kleiner Junge, der mit vor Begeisterung glühenden Wangen die Vierbeiner bewunderte.

Aus dem Kind wurde ein Mann, und der bekommt eine Stellung als städtischer Steuereinnehmer; aber die Arbeit gefällt ihm nicht sehr. Er geht ins benachbarte Niederroßla, denn dort ist der Posten des Hundefängers und Abdeckereiverwalters frei geworden. Unser Mann ist Tierfreund. Nicht alle gefangenen Hunde führt er seinem »Tierkörperverwertungsbetrieb« zu. Wenn ihm ein Tier sympathisch ist, vermittelt er ihm ein Herrchen. Und daß da jedesmal ein paar Pfennige für ihn herausspringen, ist wirklich nicht der Beweggrund für seine Barmherzigkeit. Wie das bei einem Hundefänger und Hundefreund nicht anders sein kann: Er beginnt auch selbst, Hunde zu züchten, kreuzt Rassen miteinander, läßt ein Schäferhundmännchen mit einem Weimaraner-Weibchen spielen, freut sich am buntscheckigen Nachwuchs. Einen seiner Hunde tauft er »Bismarck«. Aber die

Obrigkeit liebt solche Possen nicht sonderlich; er muß sich einen anderen Namen einfallen lassen. »Bisart« nennt er ihn querköpfig.

Einmal gelingt ihm eine wundervolle Hunderasse, wachsame, kluge, scharfe Tiere. Von einem dieser Hunde berichtet der Dorfgendarm in einem Protokoll: »Er hat sechs Vagabunden aus dem Stroh geholt ... Fluchtversuche wurden von dem verständigen Tier sofort unterbunden.«

Ein Zeitungsbericht: »Der Hund zog einen Wagen von fünf Zentnern Gewicht von Oberroßla nach Apolda und zurück.«

Der Hundezüchter, Hundefänger macht ein gutes Geschäft aus dieser Veredlung. Fünf, sechs Wochen alte Welpen bringen ihm pro Stück drei Mark, Hündinnen dieses Alters 1,50 Mark. Goldmark. Nach der Art der Rassen befragt, die er zu so einem guten Ergebnis gekreuzt habe, verzieht unser Mann pfiffig das Gesicht. Weiß er es nicht mehr? Will er es nicht verraten?

Sein Geheimnis hat er mit ins Grab genommen.

Experten nehmen heute an, daß Pinscher und Deutscher Schäferhund beteiligt waren, vielleicht auch der französische Beauceron.

Die Hunderasse aus Niederroßla hat sich jedenfalls einen hervorragenden Platz unter den beliebtesten Wach- und Diensthunden sichern können und ist inzwischen weltweit geschätzt. Wäre nur noch der Name des Züchters nachzuliefern: Karl Friedrich Louis Dobermann (1834–1894).

Zu Zeiten der Inflation nach dem ersten Weltkrieg gab man in Apolda Notgeld heraus, das eine naive Ansicht des Hundemarktes zeigt und neben der Wertangabe den Spruch: Dachs, Pudel, Pinscher, Dobermann/ zum Hundemarkt man kaufen kann.

NICHT ALLES IST GOLD, WAS GLÄNZT

Seltsam, Erfindungen werden meist zu Zeiten gemacht, da die Gesellschaft ihrer bedarf. Man könnte darin einen metaphysischen Zusammenhang sehen, wenn es nicht eine ganz einfache Erklärung dafür gäbe: Jede Erfindung, die zur Unzeit entsteht, in einer Phase, in der noch kein Interesse an ihr besteht, wird ignoriert. Sobald aber die Zeit heranreift, erinnert man sich ihrer, verbessert sie und der Eindruck von der »Erfindung im rechten Augenblick« scheint unwiderstehlich.

Man kann diesen Mechanismus am Beispiel der Schmuckimitationen studieren wie an kaum einem anderen. Schon die Alchimisten des Mittelalters hatten eine edelsteinartige Masse (aus Tonerde, Kiesel und Eisenoxyd) erfunden, die schleifbar und glänzend war. Aber es gab dafür zu dieser Zeit keine Verwendung.

Die französische Gesellschaft des 18. Jahrhunderts indessen, von Ludwig XV. zur maßlosen Prunksucht aufgestachelt, ist verrückt nach Edelsteinen. Aber nicht viele sind so vermögend, ihre Wünsche mit echten Juwelen und Edelmetallen erfüllen zu können: Ein Markt für Imitate entsteht.

Da lebt in Straßburg der pfiffige Schmuckwarenhändler Georg Friedrich Strass, der sich schon lange mit der Arbeit an Edelsteinnachahmungen beschäftigt hat. Er wittert Konjunktur, zieht nach Paris, wird Teilhaber der Schmuckladenbesitzerin Madame Prévost. Begründet damit das brillanteste Geschäft seines Lebens. Den bekannten Rezepten fügt er einige neue hinzu, durch Zusatz der seltenen Elemente Wismut und Thallium verbessert er die Lichtbrechung, durch Beigabe von Metallsalzen die Farbigkeit seiner Produkte. Die Strass-Steine waren den echten so ähnlich, daß man für farblosen Strass in Achtkantschliff den Begriff Simili einführen mußte, um den Unterschied zu echten Diamanten hervorzuheben.

Die erwähnte Marquise de Pompadour (1721–1764) hat ihren Namen einer Handtasche gegeben. die, aus Tuch und Spitzen gefertigt, am Handgelenk hängend getragen wird.

G. F. Strass avancierte bald schon zum Hofjuwelier, ein angesehener, viel umworbener Mann. Noch einmal konnte er, nun schon recht wohlhabend und etabliert, seine »Erfindung« verbessern. Durch Hinterkleben mit Metallfolie wurde ihre Funkelkraft um ein Vielfaches erhöht. »Der Strass« war hoffähig geworden. Strass wurde mit Aufträgen geradezu überhäuft. Glänzende Namen zierten seine Kundenlisten, Kaiserin Josephine, Königin Marie Antoinette, Madame de Pompadour ... Sein eigener Name wurde mit dem dazugehörigen Produkt in ganz Europa bekannt. Mit 52 Jahren konnte er sich zur Ruhe setzen, steinreich und von allem Luxus umgeben, berühmt, als Freund mächtiger Männer. Nur, daß Straßburg nach ihm benannt worden sei, ist eine Übertreibung. Es hieß schon so, als er dort geboren wurde.

Strass wurde am Anfang stets in Silber gefaßt; das kostbare Gold stand wohl in allzu krassem Gegensatz zu dem preiswerten Kunststein. »Im rechten Augenblick« gelang dem Pariser Juwelier Tallois die Herstellung von Halbgold, einer Legierung aus Kupfer und Zink mit Goldplattierung. Auch Tallois' Name ist zusammen mit seinem Produkt in aller Welt bekannt geworden. Die Fassungen wurden mit der Abkürzung für Tallois-Halbgold (französisch Tallois-demi-or) Talmi bezeichnet.

Ein Begriff, der heute Unechtes aller Art charakterisiert, weit über den Rahmen von Schmuck hinaus.

Strass und Talmi feiern gegenwärtig eine ungeahnte Renaissance. Schulmädchen behängen sich mit Modeschmuck, Mannequins garnieren ihren hageren Körper mit dicken Steinen, Fernsehmoderatorinnen schmücken die kleinen Ohren mit riesigen Gehängen, Kleider werden mit Glitzergeschmeide bestickt. Schillernd und funkelnd wie die künstlichen Kleinodien selbst sind die Gedanken, die sich dazu einstellen. Wurde mit ihnen der Grund gelegt für die Herrschaft der Imitationen über die Originale? Für den Siegeszug der Surrogate? Oder beginnt hier die Demokratisierung der Eitelkeit? Und was soll man von jemandem halten, der aus unechten Steinen, aus Talmi und Strass, ein goldechtes, gediegenes Vermögen gemacht hat?

FRAGEN NACH EINEM TYRANNEN MIT MANCHERLEI NACHWIRKUNG

Er soll schon bei seiner Geburt Schwierigkeiten gemacht haben und durch eine Operation ins Licht der Welt gebracht worden sein. Dieser Eingriff trägt heute seinen Namen. Er war hoher Würdenträger in einem Weltreich. Die Bezeichnung für diese hohe Würde trägt ebenfalls seinen Namen. Er reformierte die Zeitrechnung. Auch der von ihm geschaffene neue Kalender trägt seinen Namen.

Zum Ruhme seiner Kalenderreform wurde beschlossen, einen Monat umzubenennen: er trägt bis heute seinen Namen. Vier Städte trugen seinen Namen. Er wurde ermordet von Aufrührern, unter denen sich sein ehemaliger Freund befand. Über sein Leben und seinen Tod gibt es unzählige Bücher. Zwei von ihnen, geschrieben von Shakespeare und von Bertolt Brecht, tragen im Titel seinen Namen. Quiz beendet. Es handelt sich um Gajus Julius Caesar (100–44 v. u. Z.).

Zum Kaiserschnitt: Die Schnittentbindung heißt lateinisch sectio caesarea und wurde mit Kaiserschnitt übersetzt. Sectio caesarea ist eigentlich eine Doppelung: secare und caedere heißt jedesmal schneiden. Caesarea bedeutet aber auch: auf Caesar bezogen (siehe die Städtenamen). Es ist nicht auszuschließen, daß die Geburt Caesars durch einen operativen Eingriff ins Reich der Legende gehört. Die Schnittentbindung war zwar schon im Altertum bekannt, ein römisches Gesetz erlaubte sie aber nur bei toten Schwangeren.

Zur Kaiserwürde: Kaiser ist nun unumstößlich die deutsche Ableitung von Caesar (die Lateiner haben ihn wahrscheinlich »Kaißar« ausgesprochen). Caesar wurde zum erblichen Namen im julisch-claudischen Herrscherhaus. Der Titel Zar ist derselben Herkunft.

Zu den Städtenamen: Es handelt sich um erstens Caesarea Mauretaniae (heute in Algerien), zweitens Caesarea Augusta (heute Saragossa, Spanien), drittens Caesaria, die Hauptstadt von Kappadokien (heute Iran), viertens Caesarea (Küstenstadt in Israel, in der 1961 eine Inschrift mit den Namen Pontius Pilatus entdeckt wurde).

Zur Kalenderreform: Die römische Zeitrechnung war in große Verwirrung geraten, weil zwei Prinzipien nebeneinander angewandt wurden: Mondjahr von unterschiedlicher Länge mit drei festen Daten in jedem Monat und durchlaufende Zählung von der Gründung Roms an, die auf 753 v. u. Z. angesetzt worden war. Dem machte der neue Kalender (46 v. u. Z.), der auf Initiative Caesars von dem Mathematiker Sosigenes errechnet wurde und das Schaltjahr einführte, ein Ende. Er wurde nach dem Geschlechtsnamen Julius »Julianischer Kalender« genannt.

Auch der achte Monat hat seinen Namen von einem römischen Kaiser erhalten: von Augustus, der den Julianische Kalender neu geordnet hatte.

Zum Monatsnamen: im vorcaesarischen Kalender der fünfte Monat (darum Quintilis genannt), seit der julianischen Kalenderreform der siebente Monat und zu Ehren Gajus Julius' mit dem Namen Juli belegt.

Und um die Aufzählung vollständig zu machen: Auch wenn heute jemand vom »Cäsarenwahn« eines Staatsoberhauptes spricht, weiß jedes Kind, was gemeint ist.

WER ANDEREN
EINE GRUBE GRÄBT …

Der Earl of Earne, der in der irischen Grafschaft Majo ausgedehnten Landbesitz hatte, suchte im Jahre 1880 einen Gutsverwalter. Ein Mann namens Charles Cunningham Boycott aus Norfolk hörte davon. Er war gerade aus der Armee entlassen, wo er es zum Captain gebracht hatte, und wußte nicht recht, wie es in seinem Leben weitergehen sollte. Er bewarb sich um die Stelle und bekam sie.

Aber schon im ersten Jahr gab es zur Erntezeit Ärger. Die Pächter von Lough-Mask, von denen er Mietzins einzutreiben hatte, weigerten sich zu zahlen. Nun war Boycott offenbar im Umgang mit Menschen nicht sonderlich klug, er drohte nämlich sofort mit gerichtlichen Maßnahmen, verdarb es sozusagen im Rundumschlag mit allen seinen Nachbarn, schließlich auch mit den Landarbeitern, die dem Neuen mit seinen drakonischen Allüren ohnehin nicht grün waren. Der Streit spitzte sich zu, die Landarbeiter drohten mit Streik, der Gutsverwalter holte aus Ulster Arbeitslose herbei, die die Ernte einbringen sollten. Das ließ das Maß der Empörung überlaufen. Pächter, Knechte, kurz alle Beteiligten kündigten ihm jeglichen Umgang. Verträge wurden nicht mehr eingehalten, geschweige denn neue abgeschlossen. Schließlich rief man die irische Liga an, die es ausdrücklich billigte, daß er boycottiert wurde (hier taucht das Wort zum ersten Mal auf), und Charles Boycott (1832–1897) blieb kein anderer Ausweg als die Auswanderung.

Wieder einmal beweist sich hier, daß es mitunter genügt, berüchtigt zu sein, um einen Platz an der Seite der Unsterblichen zu erlangen.

RENDEZVOUS MIT PFERDE- UND BENZINKUTSCHEN

Wen es in das nordungarische Dörfchen Kócs verschlägt, wird zauberhafte ländliche Idylle und liebliche Landschaft erleben. Aber wer weiß schon, daß es in diesem gottverlassenen Nest ein richtiges Museum von überregionaler Bedeutung gibt?!

Ja, es ist ein Museum voller Kutschwagen. Man lese und staune: Die erste Kutsche, die je gebaut wurde, rollte über die Schlammwege von Kócs. Sie hieß »die aus Kócs«, ungarisch Kócsi, gesprochen Kotschi. Dann übernahmen die Engländer mit der Sache auch den Namen, nun »coach« geschrieben. Später auch die Deutschen, die »Kutsche« sagten.

VERSTÄNDIGUNG ÜBER KURZ-LANG

Nur sehr wenige Eigennamen sind so populär geworden, daß sie als Verben in den täglichen Sprachgebrauch eingingen. Das Röntgen gehört dazu, das Pasteurisieren, das Einwecken und Galvanisieren, das Lynchen und Boykottieren. Eine Zeitlang auch das Morsen, bis die drahtlose Übermittlung von Schrift und Sprache diese Technik mehr und mehr in den Hintergrund drängte.

Schon seit es Menschen gibt, sind Vorrichtungen für die Beförderung von Nachrichten bekannt. Die Buschtrommel ist vielleicht das älteste Nachrichtenmedium. Vielleicht auch das Rauchzeichen. Aus antiker Zeit ist bekannt, daß bereits raffiniertere Methoden angewandt wurden. Der Fall Trojas ist zum Beispiel schon innerhalb einer Nacht nach dem 500 Kilometer entfernten Argos gemeldet worden. Man nimmt an, daß dies durch Lichtsignale, abgeblendete Fackeln zum Beispiel, geschehen sein könnte. Brieftaube, Flaschenpost, auch der »optische Telegraf« des Franzosen Claude Chappe (1798) sind Stationen auf dem langen Weg der schnellen Kommunikation. Aber noch fehlte (im physikalischen wie im übertragenen Sinne) der rechte Funke.

Anfang des 19. Jahrhunderts stellten mehrere Erfinder in Deutschland und England

Versuche an, die zum Ziel hatten, Nachrichten auf elektrischem Weg zu übermitteln. Aber ohne Erfolg. In den Vereinigten Staaten von Amerika lebte zu dieser Zeit ein Historienmaler, der sich recht und schlecht mit seinen Bildern über Wasser hielt. Er hatte keinerlei wissenschaftlich-technischen Kenntnisse, ja als junger Mann hatte er sogar bei einem Streitgespräch behauptet, ein Mensch könne nie zwei Herren dienen, Kunst und Wissenschaft schlössen einander absolut aus. Unser Maler nimmt 1829 an einer Europareise teil. Auf der Rückfahrt von Italien, drei Jahre später, kommt er mit einem Physiker ins ausführliche Gespräch, das Thema Nachrichtenbeförderung läßt ihn seitdem nicht mehr los. Zu Hause angekommen, fängt er an zu experimentieren, hängt an seiner Staffelei ein ausgedientes Uhrwerk auf, das einen Papierstreifen bewegt. Irgendwie muß eine Methode gefunden werden, mit einem Stift Zeichen auf diesem Streifen anzubringen.

In der Tat – er sieht einen Weg, und 1836 ist der erste brauchbare »Schreibtischtelegraph« fertiggestellt. Der Maler und Autodidakt Samuel Finlay Breese Morse erhält 1840 ein Patent für die telegrafische Übermittlung von Nachrichten (die absonderliche Staffeleikonstruktion ist im Deutschen Museum zu München aufbewahrt). Sensationell ist, daß

Als der Telegraph fertig war, fehlte es am Zeichensystem für die Übertragung. Auch dieses ersann nicht Morse, sondern Vail. Punkte und Striche bilden dabei in verschiedenartigen Kombinationen die Chiffren für die Buchstaben. Das internationale Seenotzeichen S.O.S. (save our souls) sah in Morseschrift so aus »... --- ...«.

Mit 50 Jahren hatte Morse zum zweiten Male geheiratet – seine um vieles jüngere Kusine. Die beiden gaben sich während des Festessens unterm Tisch heimliche Klopfzeichen. Sehr zum Ärger der Gäste, die des Morse-Alphabets nicht mächtig waren.

Morse selbst das Morsen nicht in die Tat umgesetzt hat, weil ihm die dazu notwendigen technischen Kenntnisse fehlten. Vielmehr hatte er zwei Mitarbeiter, J. Henry und A. Vail, angestellt, die ihm die mechanisch-elektrischen Probleme lösten. Da sie aber ihre Erfindungen im Angestelltenverhältnis ausführten, konnten sie keine Patente bekommen.

Bald schon waren *Morsetaste* und *Morsen* neue Wörter. 1843 wurde mit einem Kongreßzuschuß von 30 000 Dollar die Versuchslinie Baltimore-Washington gebaut, 1844 das erste Telegramm übermittelt (das Wort Telegramm gab es damals noch nicht, es trat erst nach 1852 in die Welt). Ein Jahr später bestanden in den USA schon 1 500 Kilometer Telegraphenlinien, und Morse konnte es 1866 miterleben, daß das erste Transatlantikkabel die alte mit der neuen Welt verband.

Kurz vor seinem Tode war Morse zu seinem Hausarzt gegangen, weil er sich unwohl fühlte. Der Arzt klopfte ihm den Rücken ab mit den Worten: »Sehen Sie, das ist unsere Art zu telegrafieren«, worauf der alte Morse erwiderte: »Ich kann nur hoffen, daß man Sie drüben, bei der Empfangsstation, nicht versteht.« Aber seine Hoffnung erfüllte sich nicht.

Am 2. April 1872 tickten die Morseapparate in alle Welt die Nachricht: Morse ist tot.

URTEIL OHNE RECHTSSPRUCH

Kann es zu einem schrecklichen Thema eine schöne Geschichte geben? Urteilen Sie selbst.

In West-Irland, im kleinen Ort Galway, steht eine Ruine mit einer Gedenktafel folgenden Inhalts: »Diese Tafel ist als Erinnerung an die unbeugsame Justiz des im Jahre 1493 zum Bürgermeister dieser Stadt gewählten James Lynch Fitzstephan angebracht worden, der seinen schuldbeladenen Sohn Walter hier verurteilt und hingerichtet hat.«

Die alten Schriften geben Auskunft: Walter hatte einen jungen spanischen Gast, der es auf seine Verlobte abgesehen hatte, schlicht umgebracht. Nachdem ihn sein Vater gerichtet hatte, starb das betroffene Mädchen an gebrochenem Herzen.

Schön? Aber vielleicht wahr. Jedenfalls für uns, die wir den Ursprung des Wortes Lynchjustiz suchen, unbrauchbar. Denn darunter versteht man alles andere als Rechtsbewußtsein, wie es dieser James Lynch in extremer Weise an den Tag gelegt hat.

Die zweite Version scheint weniger ehrenhaft, aber dafür glaubhaft zu sein. Charles Lynch war Friedensrichter im US-Bundesstaat Virginia. Er urteilte nach dem Grundsatz: Wer ein Verbrecher ist, das bestimme ich. Zeugenaussagen ließ er zwar zu, maß ihnen aber keine Bedeutung für das Strafmaß bei. Er soll

In der US-amerikanischen Geschichte hat das Jahr 1901 den Beinamen ›Lynch-Jahr‹ bekommen. Zwischen Januar und Dezember wurden 130 Fälle von Lynchjustiz registriert; 105 davon betrafen Farbige.

im Jahre 1782 abgesetzt worden sein, und sein Grabstein mit der Jahreszahl 1796 steht auf dem Friedhof von Lynchburg.

Lynch law ist im Amerikanischen der Ausdruck für gesetzlose Aburteilung.

Nach dem Bürgerkrieg war diese Praxis besonders in den Südstaaten an der Tagesordnung: Von 1882 bis 1951 wurden 4728 Personen (unter ihnen 3437 Schwarze) gelyncht, meist unter dem Verdacht von Mord oder Vergewaltigung. Die Ausführenden sind nach US-amerikanischen Veröffentlichungen nur in einigen wenigen Fällen zur Verantwortung gezogen worden. Und das ist wahrhaftig keine schöne Geschichte zu diesem schrecklichen Thema.

DREI IRRTÜMER UM CRISTÓBAL

Als Christoph Kolumbus, der Genueser, dessen italienischer Geburtsname Cristóbal Colón ist, mit seinen drei Karavellen nach Westen aufbrach, um den Seeweg nach Indien zu erforschen, wußte er nicht, daß er die Neue Welt entdecken wird. An jenem denkwürdigen 12. Oktober 1492, da ein Matrose »Land in Sicht« verkündet, glaubt er, seinen Fuß auf indischen Boden zu setzen. Der Name Indianer für die Ureinwohner Amerikas und ein Bundesstaat namens Indiana erinnern noch heute daran.

Cristóbal Colón kehrte von dieser ersten Reise im Triumph zurück zum Heimathafen Palos de la Frontera. In Sevilla führte er dem staunenden Volk und den staunenden Majestäten vor, was er an »Kostproben« vom neuen Kontinent mitgebracht hatte: Rothäutige, kleingebaute Menschen, bunte Papageien, Kokosnüsse, Kakaobohnen, Tabak, Mais, »Spanischen« Pfeffer, seltsame unbekannte Tiere. Bis zu seinem Lebensende hat Cristóbal wohl angenommen, wirklich den westlichen Seeweg nach Indien gefunden zu haben. Sein Irrtum.

Wenn Leute von heute den Namen Kolumbus im Munde führen und nicht von der Entdeckung Amerikas sprechen, dann wahrscheinlich im Zusammenhang mit dem »Ei des Kolumbus«. Bei einem Gastmahl, das Kar-

Das Ei des Kolumbus

dinal Mendoza zu Ehren des großen Seefahrers gegeben hatte, sollen sich einige Anwesende gerühmt haben, den neuen Seeweg ebenso wie er entdeckt haben zu können, wenn sie nur danach ausgezogen wären. Worauf Kolumbus ihnen die Aufgabe gestellt habe, ein gesottenes Ei, das von der Festtafel übriggeblieben war, aufrechtzustellen. »Das kann kein Mensch«. Demonstrativ habe Kolumbus das Ei hart auf die Spitze gestellt. Die Spitze bricht ein, das Ei steht.

Von einer Arbeit, die scheinbar ganz einfach ist, bei der man aber den Trick kennen muß, sagt man bis jetzt: »Aha, das Ei des Kolumbus«. Erzählt wird diese hübsche Anekdote in der »Historia del mondo nuovo« von 1565. Hübsch ja, aber leider nicht wahr. Es ist nämlich überliefert, daß es der italienische Baumeister Filippo Brunelleschi war, der 1418 beim Bau der Domkuppel von Santa Maria del Fiore zu Florenz einigen Mitbewerbern mit eben diesem Eier-Trick zu verstehen gab, daß es auf das »Gewußt wie« ankomme.

Der dritte Irrtum, den abermals die Nachwelt zu verantworten hat, betrifft den Namen des Kontinents. Hätte man ihn nicht zu Ehren seines kühnen Entdeckers »Kolumbien« nennen sollen? Der Begriff Amerika taucht zum erstenmal in einer Weltkarte von 1507 auf, verfaßt von dem deutschen Kartographen

Martin Waldseemüller. Er hat den Namen geprägt, und zwar in Würdigung des Forschungsreisenden Amerigo Vespucci, der einige Jahre nach Kolumbus mehrere Überseereisen unternommen, dabei amerikanischen Boden betreten und vor allem anschließend viel Wirbel um seine Abenteuer und Entdeckungen gemacht hatte. In der Annahme, dieser Mann habe um den amerikanischen Kontinent die größeren Verdienste, setzte der Kartograph den Namen in die Welt, und die Welt übernahm den Irrtum. Immerhin tragen sieben Städte in den USA den Na-

Churchill schrieb über Kolumbus: »Er ist weggefahren, ohne zu wissen wohin; er ist zurückgekommen, ohne zu wissen, wo er war. Und noch heute haben wir für seine Reise zu zahlen.«

Höhen und Tiefen im Leben des Colon: Vizekönig, Admiral des Ozeans, Oberster Richter, nach seiner Rückkehr im Heimatland hochgeehrt und stürmisch umjubelt; doch als er zehn Jahre später stirbt, nimmt es niemand zur Kenntnis. Nicht einmal im Sterberegister des Klosters, wo er seine letzten bitteren Stunden verbrachte, ist sein Tod verzeichnet.

men Kolumbus, acht den Namen Columbia, drei Städte (in Argentinien, auf Kuba, in Panama) heißen Colón. Und dann gibt es noch Kolumbien. Der Treppenwitz der Weltgeschichte will es, daß eben dieses Kolumbien von eben jenem Amerigo Vespucci entdeckt wurde ...

Die Geschichte von den drei Irrtümern um Cristóbal könnte hier ihr effektvolles Ende haben. Aber drei Irrtümer kommen selten allein. Bei der Beschäftigung mit der Entdeckung Amerikas tauchen an verschiedenen Punkten hartnäckige Fragezeichen auf. Zum Beispiel: Die amerikanische Geographic Society beauftragte im Jahr 1980 eine Gruppe von Wissenschaftlern mit der Überprüfung der Kolumbus-Daten. Eine Zusammenfassung des Logbuches der »Santa Maria« wurde neu übersetzt, exakte Beschreibungen der Plätze, die Kolumbus betreten hat, lieferten eine Menge neuer Erkenntnisse, die täglichen Stationen der Reise wurden in allen Details rekonstruiert, Wasserströmungen und andere, bisher nicht berücksichtigte Faktoren berechnet. Ein Großcomputer, dem alle diese Daten übergeben wurden, stellte eindeutig fest, daß sich fast fünf Jahrhunderte lang ein Irrtum unter den Menschen gehalten hatte. Es galt bisher als erwiesen, daß Kolumbus auf der Bahama-Insel Guanahani an Land gegangen sei, daß er ihr den Namen »San Salvador« gegeben habe. Nun aber kann man mit Sicherheit davon ausgehen, daß dies die zirka 100 Kilometer südöstlich gelegene Insel Samana Cay gewesen ist.

Ein weiterer Irrtum der Wissenschaft, angesiedelt allerdings in der Welt des Spekulativen: Einige Tatsachen und Schlußfolgerungen deuten darauf hin, Kolumbus könnte vielleicht doch gewußt haben, daß es nicht Indien war, was er da ansteuerte. Warum zum Beispiel hat er ein doppeltes Logbuch geführt, eines mit korrekten, ein anderes mit fingierten Maßangaben? Wie ist es zu erklären, daß er schon auf der Zwischenstation in den Kanarischen Inseln an die Kapitäne Briefumschläge verteilte, die erst nach dem Sturm zu öffnen seien und die den Befehl enthielten, die drei Karavellen sollten etwa 4 100 Kilometer von den Kanarischen Inseln entfernt auf keinen Fall nachts weitersegeln? (Genau dort liegen nämlich die Karibischen Inseln). Wie ist die Eintragung ins Tagebuch zu verstehen, die am 11. Oktober 1492 besagt: »Morgen kommt Land in Sicht«?

Der folgende Irrtum ist nun wieder ein handfester. Kolumbus war ganz gewiß nicht der erste Europäer, der seinen Fuß auf amerikanisches Land setzte. In Reykjavik, vor der Hallgrims Kirkja, steht ein bronzenes Denkmal, das Leifur Eiriksson zeigt, den Sohn des Roten Erik. Er hatte schon im Jahre 1 000 von Grönland aus Amerika entdeckt, dort sogar Niederlassungen der Wikinger gegründet. Er nannte das neue Land »Vinland«, weil er mit seinen Leuten dort üppigen wilden Wein vorgefunden hatte. In einem Park der Stadt Newport (Rhode Island) wurde 1839 von einem dänischen Gelehrten ein Turm als Rest eines Sakralbaues aus dieser Zeit identifiziert.

Neueste Forschungen sprechen sogar davon, daß bereits in der Bronzezeit (1750–1800 v. Chr.) die Phönizier dem amerikanischen Kontinent Besuche abgestattet haben könnten. Indizien dafür lassen sich dingfest machen.

Der französische Philosoph Blaise Pascal hat sein geflügeltes Wort »Was diesseits der Pyrenäen Wahrheit ist, ist jenseits Irrtum« ganz sicher nicht auf unser Thema bezogen. Angesichts des soeben vollzogenen Krieges der Fakten aber könnte man es fast prophetisch nennen.

BILDTEPPICHE EINER SCHARLACHFÄRBEREI

Die Familie Gobelin gehörte zu den alteingesessenen Pariser Handwerkerdynastien. Schon unter der Herrschaft Franz I. im 16. Jahrhundert hatte Jean Gilles Gobelin durch eine spezielle Scharlachfarbe für die Woll- und Tuchfärberei den Hof auf sich aufmerksam gemacht, man sprach vom »Gobelinrot«. Seine Söhne begannen mit der Teppichwirkerei, die zu dieser Zeit in Flandern beheimatet war. Ein nach Paris verschlagener Teppichkünstler aus Brüssel trug dazu bei, die Fertigkeit der Gobelin-Söhne zu vergrößern, kurzum, als Colbert, der Finanzminister Ludwigs XIV., sein Merkantilsystem ausbaute, konnte er 1662 mit dem Kauf der Gobelin-Werkstätten dem Königshaus einen kostbaren Besitz zuführen (bis heute werden die Werkstätten vom Staat verwaltet).

Der erwähnte Jean Baptiste Colbert war ein angesehener Feinschmecker und wurde seinerseits berühmt durch ein nach seiner Rezeptur bereitetes Hammelfleischgericht, das noch heute auf den Speisekarten als »Kotelett Colbert« seinem Erfinder alle Ehre macht.

Bald sprach kein Mensch mehr von Wandteppichen, sondern man nannte alle, auch die in anderen Betrieben hergestellten, einfach Gobelins. Einen bedeutenden Aufschwung erfuhr die königliche Teppichwirkerei, als man berühmte Maler gewann, Entwürfe für die Bildteppiche anzufertigen, zum Beispiel Charles Lebrun, Francois Soucher und Nicolas Poussin. Boudoirs, Speiseräume und Kaminzimmer in Barock- und Rokokoschlössern sind ohne Gobelins nicht denkbar, eine große Zeit war für diese Textilkunstwerke angebrochen. Erst mit dem Maschinenzeitalter trat diese beispiellose Verquickung von Kunst und Handwerk in eine Phase der Stagnation und des Niedergangs ein. Die Wohnräume der Bürger ähnelten dann mit all ihrem Wandschmuck und Mobiliar eher Ramschläden (die der Wohlhabenden freilich waren mit echtem Ramsch ausgestattet). Eine Epoche der Stilkonglomerate hatte begonnen, nicht etwa nur in Frankreich, sondern in ganz Europa.

DIE GESCHICHTE VOM LIEBLICHEN BASTARD

Dies ist schon ein seltsames Erlebnis: Tief in den slowakischen Wäldern trifft man auf ein paar Bergbauern, sie begrüßen einen freundlich, Verständigung ist nur mit Händen und Füßen möglich. Mit einem Mal holt einer eine verstaubte grüne Flasche aus seinem Felsen-Keller, und man liest auf dem Etikett das vertraute Wort »Müller-Thurgau«.

Tatsächlich, Herr Müller aus dem Schweizer Thurgau ist es, von dem wir eine Rebe bekommen haben, die heute zu den meistverbreiteten der Welt gehört (allein in Franken ist ein Drittel der Rebfläche mit diesem Wein bepflanzt). Herr Müller wurde in einem Weindorf nahe der Stadt Konstanz geboren. Er stammt natürlich aus einer Winzerfamilie, ist sozusagen unter Rebstöcken groß geworden und hat sich früh mit Kreuzungsversuchen beschäftigt. Es gelingt ihm, den empfindlichen, anspruchsvollen, blumigen Riesling mit dem milden Sylvaner zu verheiraten, der auch mal Frost verträgt. Professor Hermann Müller gibt 1882 seine Neuzüchtung bekannt, allerdings nicht in der Schweiz, sondern in Geisenheim im Rheingau, wo er als Lehrer und Rebforscher an der Weinbauschule arbeitet. Die Sämlinge nimmt er mit in seinen Heimatort. 1891 wird die Sorte von der Interkantonalen Schule Wädenswil als gut an-

Der Zuckergehalt des Weins wird in ›Oechsle-Grad‹ gemessen. Der Pforzheimer Optiker Ferdinand Oechsle erfand um 1795 die ›Mostwaage‹ mit der Gradeinteilung. Vom Oechsle-Wunder sprechen Weinsachverständige, wenn sie den Ruländer-Jahrgang 1967 erwähnen, der in Bischoffingen gekeltert wurde. Er hatte 298,4 Grad (normal sind 70–85).

erkannt und ab 1898 vermehrt. Warum ist der »Müller-Thurgau« so schnell beliebt geworden? Weil er die bereits beschriebenen Charaktereigenschaften seiner Eltern in sich vereint, auch in schlechten Weinjahren noch reiche Ernten verspricht, in guten Jahren dem Schlemmer aber einen vollmundigen, duftigen Tropfen beschert. Auch bringt er bei früher Ernte stets ergiebige Erträge, was ihm die Sympathie der Winzer sichert.

Ein idealer Wein? Ein Kenner urteilt poetisch: »Er ist keiner von den Edlen, er ist der charmanteste Bürgerliche unter den Europäern, der zärtliche Kniff in die Wange einer jungen Bacchantin, er ist der Wein der Jungen, weil er selbst nicht alt werden kann.« Auch Professor Müller wußte um die Grenzen seiner erfolgreichen Schöpfung. Als er in fröhlicher Runde einen Schoppen Lacrimae Christi (italienischer Spitzenwein, zu deutsch Tränen Christi) genoß, lehnte er sich mit geschlossenen Augen zurück und seufzte: »O Jesus, hättest du doch auch am Bodensee ein bißchen geweint.«

SPARSAMKEIT AUF FRANZÖSISCH

Im antiken Korinth hat es sich zugetragen: Die Tochter des Töpfers Dibutades muß Abschied nehmen von ihrem Geliebten. Sein Schatten hebt sich scharf auf der Mauer ab. Das Mädchen nimmt ein Stück Kohle, zeichnet den Schattenriß nach, um ein dauerhaftes Bild von dem Scheidenden zu besitzen. So wurde die Silhouette geboren. Auf einem Gemälde von Eduard Daege in der Berliner National-Galerie, das den Titel »Erfindung der Malerei« trägt, ist die Begebenheit dargestellt.

In unseren Breiten hat der Schattenriß in der Goethezeit seine hohe Zeit gehabt. Goethe selbst hat sich in der Kunst des Scherenschnittes versucht, war aber vor allem ein Sammler von Silhouetten. Hunderte von schönen Schattenbildern unbekannter Herkunft fanden sich in seinem Nachlaß. Zu Zeiten der Herzoginmutter Anna Amalia hatte sich der Kreis um Goethe mit physiognomischen Studien befaßt und dazu nicht selten Silhouetten verwendet.

Namen wie Runge, Schwind oder Menzel sind mit dieser Kunst eng verknüpft. Im Exlibris, in den Hauszeichen, im Papierschnitt der Jahrmärkte, in den fotografischen Profilsilhouetten, die unbeleuchtete Köpfe vor bestrahltem Hintergrund abbilden, kann man Varianten dieser schönen alten Kunst erblicken.

Woher aber kommt der Name? Etienne de Silhouette, Finanzminister Ludwigs XV. seit 1759 und Günstling der Madame de Pompadour, war bekannt als »der Sparminister«. Spitzzüngigere Zeitgenossen stellten ihn den Straßenräubern gleich, so streng war sein Regime. Kriege mußten finanziert, die verschwenderische Hofhaltung mußte bezahlt werden. Der Minister knauserte beim Wichtigen und erhöhte die Steuern. Im Paris dieser Tage bedeutete das geflügelte Wort »à la Silhouette« so viel wie ärmlich oder billig. Ging einer mit seinen letzten Centimes in die Garküche und kam hungrig wieder heraus, hatte er »à la Silhouette« gespeist. Und so benannte man folgerichtig auch den Schattenriß, jene Bildtechnik, die ohne Halbtöne und ohne Farben auskommt, sich auf die Konturen beschränkt, nach dem Geizigen. Die Geringschätzigkeit dieser Benennung ist dann peu à peu verlorengegangen.

Etienne de Silhouette ging übrigens seinem Volk mit gutem Beispiel voran, was die Sparsamkeit betrifft. Er stattete die Wohnräume seines Schlosses an der Marne statt mit teuren Gemälden mit wohlfeilen Schattenrissen aus.

SPRACHFEHLER ALS STRAFE FÜR GEHEIMNISVERRAT

Es ist bekannt, daß Zeus, der allmächtige Göttervater, nicht der treuesten einer war. Auf sehr menschenähnliche Art sorgte der Himmlische bei jeder Gelegenheit für irdischen und unsterblichen Nachwuchs. Seine Frau Hera war ständig eifersüchtig, folglich mußte er immer neue Ideen haben, um nicht erwischt zu werden. So unternahm er seine Liebesabenteuer kraft seiner Allmacht in vielerlei Gestalt. Allmächtig war er wohl, aber nicht allwissend. Und auf welche Weise ihm seine Frau nachstellte, das hätte er zu gerne gewußt.

Da traf er eines Tages eine kleine Bergnymphe, Echo mit Namen, eine jener ewig jungen Naturgöttinnen, die der Göttervater so liebte. Er war sehr freundlich zu ihr und gewann sie für seine Pläne: Sie sollte ihm alles, was sie über Heras Absichten erfuhr, hinterbringen. Echo tat's, vielleicht nicht ganz selbstlos. Aber schlimm wurde es, als Hera von dem Verrat Kunde bekam. Sie war so ergrimmt darüber, daß sie die reizende Echo auf der Stelle in einen Felsen verwandelte und ihr die Stimme verzauberte: Die Nymphe konnte nur noch die letzten Silben von dem wiederholen, was sie hörte, konnte nie mehr ihrem geliebten Zeus Kundschaften überbringen.

Wo üppige Pflanzen gedeihen, da dachten sich die Griechen Wald-, Quell- und Bergnymphen, die sich oft in Begleitung des Hirtengottes Pan befanden, eines bocksfüßigen, bärtigen, geschwänzten Gesellen, der es liebte, die Leute zu ängstigen, also in »panischen Schrecken« oder in »Panik« zu versetzen.

Echo ist für die Griechen und später für viele andere Völker Symbol und Bezeichnung für die Erscheinung geworden, daß eine Felswand oder ein Waldstück nur die letzten Silben eines Satzes zurückwirft.

Die Sache mit Zeus wurde übrigens auf einer Kunstuhr in Gaza, der sogenannten Herakles-Uhr, auf aparte Weise verewigt: Beim Echo des Stundenschlages spitzt der Geliebte jedesmal die Ohren.

DER PFIRSICH UND DIE SÄNGERIN

Die australische Primadonna Nellie Melba war am Ende des 19. Jahrhunderts ein weltberühmter Opernstar. Ihr Biograf Percy Colson schreibt: »Die Vermutung, sie sei die vollkommene Primadonna, hat sich bestätigt: Die Geschichte hat das letzte Wort gesprochen.«
Gounod, Verdi, Leoncavallo, Puccini und Caruso, mit dem sie oft gesungen hat, lagen ihr zu Füßen. Musikkritiker sprachen von »einem Wunder«, von »der Lerche, die sich mit der Nachtigall vermählte«. Einer wollte sich allein mit dem Geld begnügen, welches die Blumen für die Melba gekostet haben.

Sie sang im Londoner Covent Garden, in der Metropolitan New York, in der Mailänder Scala, in Berlin, St. Petersburg, Sydney (wo sie die Traumgage von 11 750 Dollar für einen Abend erhielt). Sachverständige Zeitzeugen berichten, ihr Koloratursopran habe zweieinhalb Oktaven umfaßt.

1892 wurde ihr zu Ehren im Londoner Savoy-Hotel ein Empfang gegeben. Der Chefkoch, »König der Köche«, Monsieur George Auguste Escoffier, hatte sie als Elsa im Lohengrin gesehen. Begeistert erfand er eine neue Süßspeise für sie: In Vanille-Eis, auf ein Eiskissen gebettet und mit Himbeermark und Mandelsplittern verfeinert, servierte er in einer silbernen Schüssel einen Pfirsich. »Das Gericht hat noch keinen Namen – darf ich es nach Ihnen, Madame, benennen?« Die Melba gab gnädig ihre Zustimmung. Pêche Melba, Pfirsich-Melba, war geboren. Mit Escoffiers köstlichem Dessert ging es wie mit dem Stein, den man ins Wasser wirft: Es bildeten sich schnell große Kreise. In allen Feinschmeckerlokalen galt es schon bald als chic, Pfirsich-Melba anzubieten. Bis heute ist das Rezept (von Escoffier später in seinem Guide Culinaire ausführlich beschrieben) in jedem guten Kochbuch zu finden.

Nellie Melba berichtet in ihrer Autobiografie von einer beeindruckenden Begegnung.

Viele Jahre nach dem glücklichen Londoner Auftritt traf sie in den Gärten von Monaco einen zarten, schwarz gekleideten Greis, mit einem feinen Gesicht und einem gepflegten Ziegenbärtchen. Sie erkennt in ihm Monsieur Escoffier wieder. Er ist ganz aufgelöst, hat Tränen in den Augen: »Stellen Sie sich nur vor, Madame, eine Zeitung hat meine Pfirsich-Melba einem anderen Koch zugeschrieben.«

Die Melba hat darauf ihrem Freund Hazelton-Cochrane, der Zeuge dieses Zusammentreffens war, geraten: »Lassen Sie sich von ihm ein Autogramm geben: Er ist für die Kunst der grande cuisine dasselbe wie ich für die Kunst des belcanto.« Und dann hat sie etwas bitter hinzugesetzt: »Wenn meine Stimme verklungen sein wird, dürfte man sich noch immer seiner göttlichen Süßspeise erfreuen.«

Der ursprüngliche Name der Melba lautete Helen Porter Mitchell, ihr Künstlername wurde nach Melbourne, ihrer Geburtsstadt, gebildet.

WIE EIN KÜNSTLER SEINEM ERZFEIND EIN »DENKMAL« ERRICHTETE

Geniale Menschen sind mitunter eitel. Dieser Satz ist an sich harmlos. Wendet man ihn aber auf Richard Wagner an, so hat man unversehens die gesamte Phalanx der Wagnerianer gegen sich.

Immerhin hat Erich Kuby durch die Veröffentlichung eines Briefes von Wagner an seine Wiener Modistin ein unwiderlegbares Zeugnis für solcherart Eitelkeit abgeliefert: Auf mehr als zwei Briefseiten läßt sich der Genius auf die weitschweifigste Weise aus über – Beschaffenheit, Menge und Preis von blaßrosa Atlas, den er für einen neuen Schlafrock benötigte. Ein Mann, der schon auf solche Äußerlichkeit so versessen Wert legt, wie muß er berührt sein, wenn ein Kritiker sein Höchstes, Heiligstes, seine Musik angreift, ja sogar in den Schmutz zieht und lächerlich macht?

In der »Neuen Freien Presse« zu Wien erschienen diese Rezensionen, die Richard Wagner zur Weißglut brachten. Es hieß da: »...[Wagner] ist weder ein großer Dichter noch ein großer Musiker, sondern nur ein dekoratives Genie«. Der Verfasser sprach »von jenem scharf prickelnden Dufte, das Wildbret ausströmt, wenn es nach Vergangenheit, und die Musik, wenn sie nach Zukunft riecht...«. Das war eine Anspielung auf das damals geflügelte (Spott)-Wort von der »Zukunftsmusik«, mit der man die Wagnerschen Kompositionen nach dessen Schrift »Das Kunstwerk der Zukunft« belegt hatte. An anderer Stelle nennt derselbe Kritiker Wagners Stabreimtechnik: »... bombastisches Alliterationsgestotter«. Attribute wie »Nervenfieber«, »Opiumrausch« oder »Paroxismus« gehören bei ihm noch zum gemäßigten Vokabular. Wenn er richtig vom Leder zieht, ist vom »mythologischen Viehstall« zu lesen, dem Wagner angeblich »den bekannten melodischen Konversationston abgelauscht« hätte. Was Wunder, daß der geniale Meister schon bei Erscheinen der ersten Rezensionen auf Rache sinnt...

Alle diese Äußerungen stammen von dem Wiener Musikpublizisten Eduard Hanslick, der zu den erbittertsten Gegnern Wagnerscher Klänge gehörte. Hanslick war Musikwissenschaftler an der Wiener Universität und einer der mächtigsten, einflußreichsten Kritiker seiner Zeit, also nicht direkt angreifbar.

So faßte Wagner den Entschluß, den gehaßten Mann in einem seiner Werke der Lächerlichkeit preiszugeben. Der Stadtschreiber in den »Meistersingern« soll in den ersten Notizen den Namen »Hans Lick« getragen haben. Als das Werk 1867 vollendet war, hieß der pedantische Federfuchser jetzt zwar Sixtus Beckmesser, aber auch so wußte jeder Musikfreund, wer gemeint war: Wagner hatte diese Kunstfigur mit allen negativen Eigenschaften ausgestattet, die er an Eduard Hanslick zu entdecken glaubte.

Der historische Beckmesser, ein Nürnberger Meistersänger, der vor 1539 gelebt haben soll, hat mit der komischen Figur in Wagners Oper keine Ähnlichkeit. Von seinen Werken ist außer einem kurzen Gedicht leider nichts erhalten geblieben.

Beckmesser verkörpert nicht nur den Kleinkrämer, der in einer Liste jeden Vortragsfehler der rivalisierenden Sänger boshaft vermerkt, nicht nur den philisterhaft engstirnigen Vertreter der »Meinungen von gestern«, sondern er macht auch beim Aufmarsch der Zünfte den Vorwurf eines jeden schaffenden Künstlers gegen seine Kritiker bildhaft deutlich: Als er selber singen soll, entstellen so viele Fehler sein Lied, daß er sich bis auf die Knochen blamiert.

In der Gegenfigur zu Beckmesser, dem jungem fränkischen Ritter Walter von Stolzing, der ein mutiger Streiter für die neue Musik und ein überlegener Könner in der Sangeskunst ist, läßt sich übrigens unschwer ein Selbstporträt Richard Wagners erkennen.

Beckmesser lebt fort. Ein Buch über Hanslicks Kritiken, das vor 30 Jahren in Wien erschien, trägt den Titel »Also sprach Beckmesser«. Und es mag so erklärlich sein, daß auch noch in unseren Tagen gekränkte Autoren aufrechte Kritiker Beckmesser schimpfen, daß aufrechte Kritiker andere aufrechte Kritiker der Beckmesserei verdächtigen und daß ein Beckmesser selten allein kommt.

SCHÖN WIE EIN JUNGER GOTT

Jawohl, sein Name heißt in der hebräischen Sprache soviel wie Gott, manches jüdische Gebet fängt an mit »Adonai ...«, aber der Grieche Adonis hat außer Namen und Gestalt nichts Göttliches, er ist der Sohn sterblicher Eltern. Die Alten haben sich über seine Herkunft eine Geschichte am Rande der Schicklichkeit erzählt: Cinyras, ein zyprischer König, hatte eine ausnehmend schöne Tochter mit Namen Myrrha. Aphrodite, die Göttin der Liebe, sah ihre Schönheit voller Neid. Mit göttlicher Allgewalt und teuflischer Absicht richtete sie die Umstände so ein, daß Myrrha »die Umarmungen ihres Vaters genoß«. Dieser nahm zuerst an, eine fremde Frau schenke ihm ihre Gunst, aber die Art der Liebkosung machte ihn so neugierig, daß er Licht herbeischaffte und seine eigene Tochter erkennen mußte. Er zog sein Schwert und wollte die Sünderin auf der Stelle umbringen, aber da hatten nun doch die Götter ein Erbarmen. Sie verwandelten das schöne Mädchen im Handumdrehen in einen Myrtenbaum. Neun Monate nach der Metamorphose kam Myrrha nieder und gebar ein Knäblein, dem sie ihre einstige Schönheit vererbte: Adonis.

Was aber ebenfalls zum Erbteil gehörte, scheint die Anfälligkeit für Verwandlungen gewesen zu sein. Denn auch der hübsche Junge (bis heute sagt man über einen wohlgestalteten Mann, er sei ein Adonis) wurde eines Tages Opfer eines Zaubers. Aphrodite selbst hatte sich nämlich in ihn verliebt und stellte ihm nach. Sie fand bald schon seine Gegenliebe. Kunststück, wenn man einen Gürtel hat, in dem »die Liebe, das schmachtende Verlangen, das holde Gespräch und die sanfte Schmeichelei« eingeschlossen sind. Dies Verhältnis wiederum gefällt Mars, dem Gott der Kriege und Geliebten der Aphrodite, nicht im geringsten. Er schickt einen wilden Eber, der den herrlichen Adonis tötet. Aber als Adonis dahinsinkt, sprießen Blumen aus seinem Blut, Adonisröschen. Aphrodite fand das alles sehr schmerzlich. Sie legte beim Rat der Götter Berufung ein und erwirkte in letzter Instanz, daß Adonis für sechs Monate im Jahr in die Welt (und damit vermutlich zur Liebesgöttin) zurückkehren durfte. Kann es Zufall sein, daß die Wissenschaft im Adonisröschen nach vielen Jahrhunderten ein lähmendes Herzgift fand, das Adonidin?

HÖHER, SCHNELLER, DÜMMER

Das britische Bierimperium »Arthur Guinness Son & Company Ltd.« in Dublin ist neben Carlsberg-Tuborg in Kopenhagen und der Pilsener Pilsenerfabrik einer der Marktführer der Bierwelt. Sein Chef, Sir Hugh Beaver, hatte eines Tages bei einer Jagd einen Vogel verfehlt. Wütend über sein mistake wollte er von seinen Begleitern wissen, ob dies wenigstens ein besonders schnelles Tier gewesen sei. Man schlug nach in den klügsten Büchern, aber fand keine Antwort auf diese einfache Frage. Nichts lag näher, als daß Sir Hugh Beaver postwendend beschloß, seinem Bierbetrieb einen Verlag anzugliedern. In diesem erschien 1955 als erste Publikation das GUINNESS BOOK OF RECORDS, in dem sich alle Superlative der Welt ein Stelldichein gaben. Das Buch wurde ein Riesenerfolg. Es wird inzwischen alljährlich herausgegeben, wobei man jedesmal etwa ein Viertel der Angaben aktualisiert; es wurde in zwei Dutzend Sprachen übersetzt, seine Auflage hat die 50-Millionen-Grenze längst hinter sich gelassen, und damit ist das Guinnessbuch gewissermaßen Gegenstand des Guinnessbuches geworden.

Man kann in diesem seltsamen Werk die höchsten Sprünge neben den kleinsten Babies, die schnellste Zeit im Rückwärtslaufen neben dem Mann mit den meisten Vornamen und den längsten Bart neben der kürzesten Nationalhymne finden, die dickste Frau der Welt neben dem dünnsten Draht.

Der längste Krieg, der je stattgefunden hat, dauerte 115 Jahre, von 1338 bis 1453, England gegen Frankreich.

Der kürzeste (zwischen dem United Kingdom und Sansibar) währte nur 37 Minuten, von 9.02 Uhr bis 9.40 Uhr am 27. August 1896. Es ist zu fürchten, daß der Dritte Weltkrieg, falls er uns nicht erspart bleibt, diesen letzten Rekord um ein Erhebliches unterbieten wird.

Zwei kuriose Angaben aus dem Rekordbuch: Der einseitigste Schauspieler der Welt ist gnadenlos registriert: Es handelt sich um den Engländer Walter Uridge, der 32 Jahre lang die Rolle des Komikers Mugg in dem Schauspiel »Die Schöne von New York« gab. Der längste Ortsname der Welt lautet LLANFAIRPWLLGWYNGYLLGOGERYCHWYRNDROBWLLLANTYSILIOGOGOCH, und der Ort liegt in Wales.

VOM ARZT, DER EINER TÖTUNGS-MASCHINE SEINEN NAMEN LIEH

Wenn heute einer den Kopf verliert, so hat das etwas mit Liebe zu tun oder mit schwachen Nerven. Im Paris des 18. Jahrhunderts hatte die Redewendung einen anderen, schärferen Sinn.

Die Guillotine, die die französische Revolution bis zum bitteren Ende begleitet hat, wird immer wieder dem Arzt Guillotin als dessen Erfindung zugeschrieben. Dies ist falsch. Von einer Erfindung kann man ohnehin nicht sprechen, schon im Mittelalter gab es in Italien das Fallbeil, »Welsche Falle« genannt, in Deutschland unter der Bezeichnung Hobel oder Diele dokumentiert auf einem Kupferstich Albrecht Dürers.

Josephe Ignace Guillotin (1738–1814) hat auf andere Art mit dem Gerät zu tun. Er war Anatomieprofessor und hatte als Gutachter der Nationalversammlung angeraten, künftig die Todesstrafe ausschließlich durch das Fallbeil vollziehen zu lassen. Seine Argumente sind heute nur mit einem gewissen Schauder nachzulesen: Erstens haben sich die Henker so oft »verhauen«, daß die Köpfmaschine als wesentlich humaner gelten muß. Der unglückliche Comte de Chalais zum Beispiel starb 1626 erst nach dem 20. Schwerthieb des Henkers, und erst nach dem 29. fiel sein Kopf. Zweitens werden durch sie die Prinzipien Gleichheit und Brüderlichkeit nicht verletzt.

Dieses Gerät hat die Phantasie vieler europäischer Geister beschäftigt. 1793 wollte Goethe seinem Sohn August zum vierten Geburtstag eine Spielzeug-Guillotine schenken. Goethes Mutter verhinderte dies. In einem Brief an ihren Sohn schrieb die Frau Rath empört: »Eine solche infame Maschine ... nein, da wird nichts draus.«

Hatten doch in bisheriger Praxis die Angehörigen des Adelsstandes den Vorteil gehabt, durch Erschießen vom Leben zum Tode befördert zu werden, während für die einfacheren Leute Strick oder Schwert übrigblieben.

Nachdem die Französische Nationalversammlung am 20. März 1792 ein Gesetz verabschiedet hatte, in dem die Vorschläge Guillotins ihren Niederschlag fanden, begann man mit dem Bau des Apparates, den ein altes österreichisches Lexikon mit dem feinfühlig-rücksichtsvollen Wort »Entlebungsmechanismus« beschreibt. Neu an der Guillotine waren die schräggestellte Schneide, die einen sicheren Schnitt garantierte, sowie einige Einzelheiten, die für eine »rationellere« Arbeitsweise sorgten. Ein deutscher Klavierbauer, Tobias Schmidt, hatte den Zuschlag für den Bau der Maschine erhalten. Er führte die Sache unter Aufsicht eines Sachverständigen, des Arztes Dr. Antoine Louis, aus. Es gab in jenen Tagen den Vorschlag, das Fallbeil nach diesem »Petite Louison« zu nennen, später kam auch (nach dem Grafen Mirabeau) »Mirabelle« ins Gespräch. Dieser Mißgriff (Mirabelle ist eigentlich ein italienischer Frauenname, der »die Wunderschöne« bedeutet) ist zum Glück unterblieben. Schmidts Maschine wurde am 11. April 1792 an einigen lebendigen Schafen »getestet«, am 15. April wurden in Bicêtre drei Leichen geköpft, und schließlich am 25. April kam der erste lebendige Mensch unter das »Rasiermesser der Nation«: Nicolaus-Jacques Pelletier, der wegen bewaffneten Mordes verurteilt war. 1793, als im Januar Ludwig XVI., »Bürger Louis Capet«, und im Oktober seine Frau Marie Antoinette geköpft wurden, hat das Publikum Beifall geklatscht. Allerdings wurde darauffolgenden Jahres auch Robespierre, einer der Väter der Revolution, enthauptet. Die Höchstleistung der Guillotine lag bei 20 Köpfen in 36 Minuten.

Daß Guillotin selbst enthauptet worden sei, ist eine Legende. Er starb 1814 an einem bösartigen Geschwür.

Bis in die siebziger Jahre unseres Jahrhunderts hat der seltsame Apparat seine Dienste getan, bevor er seinen wahrhaftig wohlverdienten Platz im Museum bekam. Übrigens hat Tobias Schmidt, nachdem sein Meisterstück so gut funktionierte, die Forderung nach Tantiemen gestellt. Seinem Anspruch auf (mit Verlaub) »Pro-Kopf-Abrechnung« hat aber die Revolutionsregierung nicht stattgegeben.

NAME FÜR EINE GLOCKE GESUCHT

Schritte hallen durch die Nacht. Feuchte Nebel umhüllen die Straße. Eine vermummte Gestalt tastet sich an der Mauer entlang. Von Ferne schlägt Big Ben: Mitternacht. Die Gestalt fröstelt. Der Leser der Kriminalromane desgleichen. Er findet zurück in seine geheizte Stube und fragt sich: Wieso eigentlich schlägt hier Big Ben?

Im Jahre 1850 war dem Londoner Parlament eine neue, schöne, große, 13 Tonnen schwere Glocke gestiftet worden. Der Bau hatte einen eigenen Glockenturm dafür erhalten. Nun ging es in einer Parlamentsdebatte darum, der Glokke einen würdigen Namen zu geben. So viele Vorschläge auch zur Sprache kamen, an jedem war etwas auszusetzen. Die Abgeordneten konnten und konnten sich nicht einigen. Bei der Unterhausdebatte zugegen war auch der Verantwortliche für die Einrichtung des Glokkenturms, der Regierungsbeauftragte Sir Benjamin Hall, ein Walliser von mächtiger Statur. Als es diesem nach einigen Stunden des Drumherumredens zu bunt wurde, meldete er sich mit seiner Donnerstimme zu Wort. Aber schon nach den ersten Sätzen unterbrach ihn ein Delegierter von den hinteren Bänken und rief: »Nennt sie doch einfach Big Ben!«

Regierung und Opposition lachten gemeinsam. Big Ben hatte seinen Namen, der dicke Benjamin Hall seinen Nachruhm.

Die Engländer lieben es überhaupt, Vornamen zu verallgemeinern. So heißen bekanntermaßen alle Londoner Polizisten »Bobby«. Sie werden so nach Robert (Bob) Peel genannt, der als Innenminister die Polizei reformierte und ihr Hauptquartier 1829 zum Haus am Schottischen Hof (Scotland Yard) verlegte.

BIBLISCHER NAME FÜR DAS HOSPITAL

So alt wie die Institution ist hier der Name: Seit Militärkrankenhäuser in der Welt sind, so lange gibt es die Bezeichnung Lazarett. Von Lazarus, dem nachmaligen Schutzpatron der Kranken und Aussätzigen, heißt es im Lukas-Evangelium: »Es war aber ein Armer mit Namen Lazarus, der lag vor seiner Tür, voller Schwären. Und begehrte sich zu sättigen von den Brosamen, die von des Reichen Tische fielen ... Es begab sich aber, daß der Arme starb und ward getragen von den Engeln in Abrahams Schoß.« Und natürlich stirbt auch der Reiche, aber Vater Abraham gibt ihm, der in die Hölle gefahren, keinen Trost. »Gedenke, Sohn, daß du dein Gutes empfangen hast in deinem Leben.« Na denn, die Armen sind die Glücklichen, denn sie kommen dereinst in Abrahams Schoß. (Das andere Modell, von Heinrich Heine, »Zuckererbsen für jedermann«, und zwar noch vor dem Tode, scheint mir ein bißchen verlokkender). Lazarus gab seinen Namen dem Lazarett, dem Lazarettschiff, dem Lazarettzug, dem Lazarusorden. Und sogar der barmherzige Samariter, der darinnen Gutes tut, kommt aus des Lazarus' unmittelbarer Umgebung: literarisch ebenfalls aus Lukas, geographisch aus der Stadt Samaria.

BLAUER DUNST ALS ROTES TUCH

Die Geschichte des Tabakrauchens ist eine Geschichte der Extreme. Als im 17. Jahrhundert die Glimmstengel aufkamen, gerieten sie sogleich unter Kirchenbann. In Rußland wurde manchen Leuten, die man beim Rauchen erwischte, die Nase abgeschnitten. In Spanien brachte die Inquisition zuweilen einen Raucher für Jahre in den Kerker. Andererseits gibt es Epochen in der Geschichte, die den Tabak mit Silber aufwiegen und den Tabaksqualm zum Sinnbild der Tugend machen. Wem fällt da nicht des Soldatenkönigs Tabakskollegium ein? Oder die Errungenschaft der deutschen Pseudorevolution von 1848, daß der freie Mann auf der Straße seinen Tabak rauchen dürfe? Der Kampf zwischen Tabaksfreunden und erbitterten Widersachern ist längst nicht ausgestanden. In Eisenbahnabteilen, Büros und Restaurants ist die Nikotinschlacht in vollem Gange.

Für dieses Gift hat ein Mann seinen guten Namen hergegeben, der fast gar nichts mit der Sache zu tun hatte. Monsieur Jean Nicot, Seigneur de Viblemain (1530–1600) war als französischer Diplomat in Portugal tätig. Sein Geheimauftrag, eine Allianz zwischen beiden Herrscherhäusern herzustellen, ließ sich nicht realisieren. Nicot aber stand unter Erfolgszwang. Was tun? Er sandte zur Be-

Das noch vor dem Tabak rangierende Genußmittel, der Kaffee, hat seinen Namen von der Provinz Kaffa in Äthiopien, wo die ersten Kaffeesträucher gediehen; und sein starker Bruder, der Mokka, heißt so nach der jemenitischen Stadt gleichen Namens, die im 17. Jahrhundert einen bedeutenden Kaffee-Exporthafen unterhielt.

schwichtigung an seine Dienstherrin, Katharina von Medici, einige der gerade neu entdeckten Tabakpflänzchen. Und er hatte Erfolg damit: Rauchen, Schnupfen, Tabakkauen wurden schlagartig zur Mode. Frankreich hat sich als Modezentrum schon damals einen Platz in der Weltgeschichte zu sichern gewußt. Katharina war vom Tabak eingenommen. Ein Herzog wollte die neu eingeführte Pflanze zu Ehren Nicots »Nicotiana« nennen, aber die Hofkamarilla zog es vor, zum Lobe der Fürstin Katharina den Namen »Königinkraut« zu bevorzugen. Diese Bezeichnung konnte sich allerdings nie durchsetzen.

Carl von Linné hat, als er die systematische Nomenklatur der Pflanzen einführte, auf den alten Namen zurückgegriffen. Seitdem heißt der Tabak, der auf der Insel Tobago (Kleine Antillen) heimisch ist, unter Wissenschaftlern Herba nicotiana. Die deutschen Chemiker Reimann und Posselt gaben 1852 dem Pflanzengift Nicotin seinen Namen, diesem so eigenartigen Stoff: Er ist nicht als Arznei tauglich, und schon ein Tropfen von ihm (genau: 0,05 g) führt den Tod des Menschen herbei.

LEIDEN EINES BIBLISCHEN VIEHZÜCHTERS

Was eine Hiobsbotschaft ist, braucht man niemandem zu erklären. Jedes menschliche Leben ist, leider, reich an solch lausigen Ereignissen. Aber was soll sich da nun laut Bibel zugetragen haben mit dem legendären Hiob?

Satan, der gefallene Engel, hatte dem Herrgott einen Floh ins Ohr gesetzt: Auch der Frömmste glaubt nicht mehr an dich, wenn du ihm alles nimmst. Gott stutzt. Er will es wissen (obwohl er ja eigentlich allmächtig ist und auch den Willen der Gläubigen mühelos brechen kann, aber sei es drum). Er übergibt also den armen, frommen Hiob dem Teufel. Der verdirbt ihm das Vieh, tötet seine Knechte, läßt durch einen großen Wüstenwind sein Haus umstoßen und die sieben Söhne und drei Töchter darin umkommen, er läßt seine Frau untreu werden (sie versucht, ihm den Glauben auszureden) und schafft ihm den Aussatz an den Hals. Aber der gute Hiob verzagt nicht so leicht. Er zerreißt sich zwar die Kleider, hat aber höchst gottgefällige Sprüche auf der Zunge, zum Beispiel das durch zahllose Leichenreden populäre »Gott hat's gegeben, Gott hat's genommen«.

Irgendwann aber regt sich in dem Manne der Instinkt für Gerechtigkeit, und er beginnt, sich über sein Los zu beklagen. Die theologische Obrigkeit fragt: Hast du etwa Macht? Hast

»Keusch wie Josef« kommt gleichfalls aus dem Buch der Bücher. Im Buch Mose erfährt man, daß Josef, Butler im Hause Potiphar, eines Tages von seiner Dienstherrin, der Frau Potiphar, ein verlockendes, aber unzüchtiges Angebot erhielt. Josef, die Folgen einer Affäre mit der hohen Frau bedenkend, entschloß sich, lieber die Flucht zu ergreifen. Seine Keuschheit trug ihm zweierlei ein: Den Zorn der Dame und die Liebe Gottes.

du etwa Majestät? und derlei. Also bleibt Hiob demütig. Somit hat er, wie der Freier in Tausendundeiner Nacht, seine Bewährung bestanden und wird belohnt. Gott schenkt ihm mehr Vieh, als Hiob je besaß. Zehn neue Kinder, schöner als alle in der Nachbarschaft, bekommt er obendrein. Wie man aus dieser Geschichte ersehen kann, geht es auch im Buch der Bücher nicht immer moralisch zu.

GELENKWELLE ZUR KRAFTÜBERTRAGUNG MIT SECHS BUCHSTABEN

Man schreibt das Jahr 1575. Tizian hat seine Pietà vollendet, die Universität Leiden wird gegründet, in London richtet man die ersten festen Schauspielhäuser ein, da sitzt in Rom ein Mann über seinen Schreibtisch gebeugt, und ein Federkiel kratzt unablässig das Papier: Gironimo Cardano schreibt seine Memoiren. Wer über sein Leben schreibt, denkt in der Regel auch über das Leben nach. Daß Cardano ein scharfblickender Mann ist, der keine Umschweife und keine Beschönigung mag, erkennt man schon, wenn man die ersten Worte liest, die er über die eigene Person aufzeichnet: »Meine Gestalt ist mittelgroß, meine Füße sind klein, meine Brust ist etwas eng, die Arme sind viel zu dünn, die rechte Hand zu plump, die Finger unförmig, woraus die Handwahrsager schließen möchten, daß ich dumm und roh sei.«

Die dem Cardano ebenfalls zugeschriebene »kardanische Aufhängung« des Kompasses gab es allerdings schon, seit Philon in Griechenland sie erdacht hatte, 300 Jahre vor der Zeitenwende.

Cardano hat manchen bitteren Tropfen schlucken müssen in seinen bisher 74 Lebensjahren: Die Prozesse gegen den Mathematiker Tartaglia haben Nerven gekostet (Cardano hatte ein von Tartaglia gefundenes Verfahren zur Auflösung von Gleichungen dritten Grades unter dem eigenen Namen veröffentlicht). Die Eröffnung einer Arztpraxis in Padua verspricht ihm Ansehen und ein geruhsames Leben, doch dann folgt wie der Blitz aus heiterem Himmel ein Schicksalsschlag: Sein geliebter Sohn Gianbattista wird hingerichtet. Er hat seine Frau aus Eifersucht umgebracht.

Als sich Cardano zehn Jahre danach von diesem Unglück erholt hat, sperrt ihn die Inquisition in den Kerker. Er hat ein Horoskop für Jesus verfaßt, Gotteslästerung wird ihm vorgeworfen. Papst Pius V. hat den fähigen Mann zwar nach einem knappen Jahr wieder auf freien Fuß setzen lassen, aber nur unter der Bedingung, daß er nach Rom ziehe. Nun sitzt er hier und vollendet die Niederschrift seines Lebens.

Schreibgewandt ist er, dieser Gelehrte, dessen lateinischer Autorenname Hieronymus Cardanus einen guten Klang hat. Er hat Bücher verfaßt über Medizin, Astrologie, über Physik und Wahrsagekunst, über Moralwissenschaft, Ästhetik und Mathematik sowie eine vielbeachtete »Geschichte des Urins«.

Seine wichtigste Idee aber galt der Technik: Es ist die nach ihm genannte Kardanwelle, die noch heute angewendet wird, wenn Kraftübertragungen unter einem Winkel notwendig sind, ob im Kraftwagen oder bei anderen Maschinen.

EIN PARISER GÄRTNER HILFT DIE WELT VERÄNDERN

Nahe der französischen Hauptstadt lebte im vorigen Jahrhundert ein Gärtner, dessen Pflanzkübel waren recht wackelig geworden. Er umwickelte die hölzernen Gefäße kurzerhand mit Eisendraht und strich Zementbrühe darüber. Ein paarmal wiederholte er den Vorgang und wunderte sich am Ende, wie stabil das so entstandene Gebilde nunmehr war, schier unzerbrechlich. 1867 erhielt er für seinen Kübel ein Patent.
Noch viel mehr hätte sich Monsieur Monier gewundert, hätte er ahnen können, daß er damit der Erfinder des Stahlbetons geworden war und daß man später den Draht für die Betonbewährung ihm zu Ehren »Moniereisen« nennen würde (hierzulande deutsch ausgesprochen). Viel Dankbarkeit hat seine Mitwelt nicht für Joseph Monier übrig gehabt. Mit 84 Jahren ist er, vergessen und verarmt, irgendwo in Paris gestorben.

Der Zement ist natürlich viel älter, er war schon im alten Rom bekannt: Im 16. Jahrhundert vor Christi Geburt wurde die cloaca maxima, der Abwasserkanal, aus Steinen erbaut und später mit Zement ausgebessert – unter Wasser! Und in einem Kellergang der Kaiserthermen zu Trier (Anfang 4. Jahrhundert) fand man die Abdrücke von Schalbrettern. Moniers Leistung war es, aus Zement

Der Straßenbelag Makadam (Splitt auf Schotter, fest eingewalzt und mit Sand geschlämmt) wurde 1820 von dem schottischen Straßenbauer MacAdam erdacht. Dieser Begriff ist, wie das Moniereisen, mittlerweile eingedeutscht worden.

und Eisen einen Verbundstoff, armierten Beton, herzustellen. Verbundstoffe sind Werkstoffe, in denen durch das Zusammenwirken verschiedener Bestandteile ganz neue Eigenschaften entstehen. Stahl und Beton zum Beispiel ergänzen sich: Stahl widersteht den Zugkräften, Beton ist widerstandsfähig gegen Druck. Viele andere Verbundstoffe hat die Technik inzwischen entwickelt, zum Beispiel Linoleum (Kork, Öl, Jute), Drahtglas, Bimetalle, Schwingmetall aus Stahl und Gummi, Schichtholz. Aber keiner von ihnen hat die Bedeutung des Stahlbetons erlangt.

Wir leben in Betonstädten, fahren über Betonbrücken, bauen Betonbunker und gelangen über Betonstraßen zu neuen Betonstädten. Mit dem Beton hat also die Zukunft begonnen? Verbürgt ist, daß bei der Einweihung einer kühngeschwungenen Betonbrükke der leitende Bauingenieur emphatisch ausrief: »Gibt es heute noch etwas, was sich nicht aus Beton machen läßt?« Und eine brummige Arbeiterstimme aus dem Hintergrund antwortete ihm: »Ja, Rührei«.

LITERARISCHER BLICK IN MENSCHLICHE ABGRÜNDE

Der Pariser Parlamentsadvokat Francois Gayot de Pitaval hat 1734 eine Sammlung merkwürdiger Kriminalfälle herausgegeben, zwanzig Bände, in denen spannende Geschichten erzählt werden, die sich wirklich zugetragen hatten. Schon binnen kurzem war in ganz Europa nur noch vom »Pitaval« die Rede, Ergänzungen und Erweiterungen folgten, das Lesepublikum hatte sich mit wahrem Hunger auf diese Sammlung menschlicher Tragödien gestürzt. Eine der ersten deutschen Ausgaben bearbeitete Friedrich Schiller als »einen Beitrag zur Geschichte der Menschheit«.

Das Buch diente seitdem unzähligen Autoren von Kriminalromanen, Bühnenstücken und psychologischen Studien als Stoffquelle. Man sagt, die halbe moderne Literatur gehe auf vier Bücher zurück, die Bibel, den Homer, den Boccaccio und den Pitaval. So hat zum Beispiel Alexandre Dumas d. Ä. das Material zu seinem Erfolgsroman »Das Halsband der Königin« (1849/50) einer späteren Ausgabe des Pitaval entnommen. Getreu der Forderung, die Schiller in seinem Vorwort erhebt, »auch von anderen Schriftstellern und aus anderen Nationen (besonders wo es sein kann, aus unserem Vaterlande) wichtige Rechtsfälle aufzunehmen und dadurch allmählich diese Sammlung zu einem vollständigen Magazin für diese Gattung zu erheben«, getreu dieser Forderung ist die Zahl der Pitaval-Nachkommen Legion geworden. Nach einem erweiterten und von juristischem Ballast befreiten »Neuen Pitaval«, 1842 begonnen von Willibald Alexis und Julius Eduard Hitzig und allmählich auf dreißig Bände angewachsen, kamen alsbald ein Wiener, ein Prager, ein Sächsischer Pitaval auf den Markt.

Gerade eben sind uns drei begegnet: Der Pitaval, der Homer, der Boccaccio. Kein Mensch denkt mehr darüber nach, daß DER GROSSE BROCKHAUS, dieses Lexikon von Weltruf, nach seinem Verleger so heißt, daß Knigge und Baedeker Verfasser waren. Und wenn einer im DUDEN nachschlägt, ob das h nun in den Reiher oder in den Geier gehört, erinnert er sich in den seltensten Fällen an Dr. Konrad Duden.

In seiner Arbeit, zuerst als Hauslehrer, dann an einem Gymnasium in Soest, später als Gymnasialdirektor in Schleiz und Hersfeld war Duden stets mit der Misere der deutschen Rechtschreibung konfrontiert. »Nicht zwei Lehrer derselben Schule und nicht zwei Korrektoren derselben Offizin waren in allen Stücken über die Rechtschreibung einig, und eine Autorität, die man hätte anrufen können, gab es nicht« – so hat Duden 1898 die Situation beschrieben. Sein »Vollständiges Orthographisches Wörterbuch der deutschen Sprache« war damals schon achtzehn Jahre alt. In ihm waren 28 000 Stichwörter enthalten. Es war zunächst als »Ratgeber« gedacht. Der Gedanke, daß ein einheitliches, für alle deutschen Lande und Stände verbindliches Regelwerk gebraucht wurde, setzte sich erst allmählich durch.

DER BREHM heißt korrekt »Brehms Tierleben«. Und der Brehm, der den BREHM verfaßte, hieß Alfred Edmund, lebte als Sohn eines Dorfpfarrers in Renthendorf bei Gera, nutzte zunächst seine freien Stunden zu sorglicher Naturbeobachtung, später zu Forschungsreisen und zur Niederschrift seiner Bücher. Die wurden ein Welterfolg, weil sie Naturgeschichte erzählten, nicht dozierten.

Nachdem nunmehr der DUDEN in vielen Auflagen und Millionen von Exemplaren erschienen ist – immer wieder neue Begriffe aufgenommen, veraltete gestrichen wurden – kann man sich heute kaum noch damit abfinden, daß zu Goethes Zeiten keine verpflichtenden Schreibregeln bestanden, daß Luther noch alle Wörter außer Papst, Bischof, Kardinal, Christus und Gott klein schrieb.

Ein Kuriosum hatte sich während der Zeit der deutschen Teilung entwickelt, nämlich ein Ost-DUDEN aus Leipzig und ein West-DUDEN aus Mannheim. Und zwar mit unterschiedlichen Begriffen! Die Wörter Plaste und Broiler suchte man im westlichen, den Arbeitnehmer und den Abschwung im östlichen vergebens.

Seit 1991 ist der DUDEN in seiner 20. Auflage wieder gesamtdeutsch geworden. Er verzeichnet 115 000 Stichwörter und vermerkt die typischen Ost-Begriffe mit dem Klammerzusatz »regional« (!).

Die widersprüchlichen Schreibregeln auch des neuesten DUDEN sind hinlänglich bekannt und werden viel bespöttelt. Aber kann ein Regelbuch, das eine lebende Sprache dirigieren und ordnen will, überhaupt durchweg logisch sein? Dem Schüler (und dem Ausländer) ist es freilich ein begreifliches Ärgernis, wenn die Maschine ohne Dehnungs-E auskommt, die Schiene nicht. Wenn er ein Paket, bei dem es kein c gibt, packen und dies mit c schreiben soll. Oder wenn beim Numerieren plötzlich die Nummern mit dem Doppel-M auftauchen. »Von Duden und Blasen keine Ahnung.« Die beschlossene und bis 2001 durchzusetzende Rechtschreibreform wird mit mancher Merkwürdigkeit aufräumen, dafür andere – neue – ermöglichen.

Auf der II. Orthographischen Konferenz von 1901 wurde unter anderem die Ausrottung des TH aus deutschen Wörtern beschlossen. Trotzdem schreiben wir noch Rathaus und Brathering. Dies soll ein Spaß sein. Daß uns der Thron bis heute erhalten blieb, ist keiner.

DER MARSCHALL BRINGT SEINEN KOCH UM…

Er brachte ihn nur um eine verdiente Anerkennung, aber das liegt schon zwölf Menschengenerationen zurück, und keiner hat es ihm je übelgenommen: dem Marschall Cesar de Choiseul Graf du Plessis-Praslin (1598–1675), Minister Ludwigs XIV., der ein geachteter Feinschmecker war. Er hatte immer neue Ideen, wie er mit Köstlichkeiten aus seiner Küche anderen Gastgebern den Rang ablaufen konnte. So beauftragte er eines Tages seinen sicher ebenso gaumenkundigen Koch, gebrannte Mandeln zu servieren. Dieser überbot den Einfall seines Dienstherrn, indem er Schokoladenhäppchen mit Füllung erdachte, zuerst mit Mandeln, später auch mit Likör, Mokka, Marzipan, Nougat. »Hmm«, mögen die Gäste gesagt haben, »hmm, ein Konfekt à la Praslin, ein Praliné!«

Der Name des Kochs ist nicht bekannt. Den Brechtschen »Fragen eines lesenden Arbeiters« möchte man folglich eine weitere hinzugesellen: Der Marschall gab ihm seinen Namen, dem Zuckerwerk. Doch wer war des Wohlgeschmacks Schöpfer? So viele Berichte. So viele Fragen.

DAS ZÄNKISCHE WEIB DES SOKRATES

Diese Xanthippe!« pflegt man zu sagen, wenn Ehefrau, Schwiegermutter oder Chefin so richtig streitsüchtig sind. Zankteufel also. Sokrates, der berühmte athenische Philosoph, hatte wohl keinen so guten Griff getan, als er Xanthippe zur Frau nahm? Ein paar Anekdoten haben sich die Alten erzählt, die ein Licht auf diese merkwürdige Ehe werfen. Zum Beispiel diese:

Alkibiades beklagt sich, weil Xanthippe ohne Pause keift. »Ich bin daran gewöhnt«, erwidert Sokrates, »du erträgst doch auch das ewige Geschnatter deiner Gänse.«

»Die bringen mir auch Eier.«

»Na und! Auch ich habe von Xanthippe Kinder bekommen.«

Ein andermal hatte sein Freund einen großen Kuchen als Gastgeschenk mitgebracht. Xanthippe, deren Namen so viel wie blondes Pferd bedeutet, ärgerte sich so über den unerwarteten Gast, daß sie den Kuchen auf den Boden warf und darauf herumtrampelte.

Sokrates hielt sich die Seiten vor Lachen und gluckste: »Richtig so, nun kriegst du vom Kuchen auch nichts.« Auch Sohn Lamprokles habe sich einmal über die Mutter beschwert. Sie sei schlimmer als ein wildes Tier. Sokrates darauf beschwichtigend: »Hat sie dich etwa gebissen?«

Der Xanthippe in ihrer sprachlichen Bedeutung verwandt ist die Megäre (Megaira, die Zürnende), eine der drei Furien.

In Wahrheit tut man der Frau im Nachhinein sicher unrecht. Erstens brauchte der Philosoph offenkundig das Beispiel seiner Frau, um den Schülern bildhaft die Mühsal des Ehelebens zu schildern. Zweitens: Kann eine Frau, die ihren Tag mit einem Sophisten teilt, überhaupt friedlich bleiben?

Schließlich hat die historische Xanthippe auch einige liebenswerte Züge: Sie hält noch lange, nachdem ihr Mann den Giftbecher trank, Umgang mit seinen besten Freunden. Hütet sein geistiges Erbe. Erzieht die drei Söhne in seinem Sinne.

Die letzte Nacht im Gefängnis hatte sie dem Sokrates Beistand leisten wollen; er hatte sie mit Gewalt nach Hause bringen lassen. Ist also Xanthippe, wie wir sie im Munde führen, eine fingierte, gefälschte Gestalt?

Diese Xanthippe!

SCHREBERS IDEE UND HAUSCHILDS VEREIN

In dem Jahr, da Goethe seinen 59. Geburtstag beging, wurde in Leipzig ein Mann geboren, der auf seine Weise Geschichte machen sollte. Daniel Gottlob Moritz Schreber (1808–1861) stammte aus einer Juristenfamilie, studierte Medizin, ließ sich als praktischer Arzt nieder und verfaßte mehrere Bücher, unter anderem über Hygiene, Anatomie, Körperertüchtigung und Erziehung. In seinem Hausgarten gab es keine Blumen, aber Barren und Recks, täglich trainierte er daran. Einer seiner wenigen segensreichen Gedanken hat sich als langlebig erwiesen. Er glaubte nämlich, im Kleingarten ein gutes Mittel gefunden zu haben, die Kinder aus den Hinterhöfen und von den schmutzigen Straßen wegzubekommen und den Familien durch Anbau von Gemüse und Obst ein wenig Aufbesserung der Nahrung zu verschaffen. Die Idee wurde von seinem Freund, dem Lehrer Ernst Innozenz Hauschild, 1864 durch die Gründung eines »Schrebervereins« in die Tat umgesetzt – die ersten Kleingärten, die man bald in ganz Deutschland und in der Schweiz »Schrebergärten« nannte, entstanden allerdings erst in der Zeit um 1870, also neun Jahre nach Schrebers Tode.

Der Leipziger Arzt ist, wenn man von seinem Kleingartengedanken und dem heutigen Millionenheer der begeisterten Freizeit-

Der erwähnte Friedrich Fröbel hat auch den Namen KINDERGARTEN erschaffen, den es heute als Lehnwort in unzähligen Sprachen der Erde gibt. Dieses Wort ist bekannt in ganz Europa, in den USA, sogar in Japan.

gärtner absieht, eine zugleich tragische und umstrittene Person. Er hat, im schroffen Gegensatz zu seinem Vorgänger Fröbel, dem Erfinder des Kindergartens, eine extrem autoritäre Erziehung gefordert. In einem seiner Bücher kann man nachlesen: »Es kommt alles darauf an, daß der Trotz gebrochen werde, und zwar auf der Stelle bis zur Wiedererlangung des vollen Gehorsams, nötigenfalls durch fühlbare Züchtigung.« Über Strafen an anderer Stelle: »Eine solche Prozedur ist nur ein-, höchstens zweimal nötig, und man ist Herr des Kindes für immer.«

Auch entwarf Dr. Schreber mehrere Geräte »für gute Haltung«, die er an seinen eigenen Söhnen ausprobierte und die uns heute wie Folterinstrumente vorkommen, zum Beispiel einen Geradehalter, mit dem das Kind an einen Tisch geschnallt wurde; einen Kopfhalter, der mit einem Ende an den Haaren befestigt wurde, so daß bei unkorrekter Kopfhaltung ein stechender Schmerz entstand; oder einen Bettgürtel, der das Kind im Schlaf in der Rückenlage festhielt.

Neben solchen praktischen Zwangsmitteln (durch anschauliche Skizzen verdeutlicht) findet man in Schrebers Werken auch eine Theorie der Gewalt. 1860 schreibt er: »Die unteren Schichten, wenn sie nicht zur Veredelung des Lebens durch vernunft- und naturgemäße Lebensanschauung und sittliche Kraft erzogen werden, sind Auswüchse am Staatskörper.« »Lebensunfähige, faule, verderbliche Elemente« bezeichnet er als Unkraut. Man weiß, daß solches Gedankengut seinen grausigen Gipfelpunkt in der nazistischen Rassenhygiene, in der verbrecherischen Euthanasie gefunden hat.

Beide Söhne haben die Erziehungsmethoden des Dr. Schreber mit ihrer Biographie ad absurdum geführt. Daniel Gustav, der Ältere, beging mit 38 Jahren Selbstmord. Daniel Paul verbrachte dreizehn Jahre seines Lebens in psychiatrischen Kliniken und wurde zum »heute in der Psychiatrie am häufigsten zitierten Patienten« (Macalpine/Hunter), über den auch Sigmund Freud eine berühmt gewordene Analyse schrieb.

Das alles hat Dr. Schreber nicht mehr erleben müssen.

BLAUE EVERGREENS AUS ÜBERSEE

Wenn man unvoreingenommen darüber nachdenkt, kommt man aus dem Kopfschütteln nicht heraus. Wie sieht wohl eine Kleidung aus, die Männer und Frauen akzeptieren, die von Arbeitern und Intellektuellen, von Lehrlingen und Studenten, von Jungen und Alten getragen wird, in der Freizeit und bei der Arbeit gleichermaßen? Es sind die Blue Jeans.

Nach Europa sind sie am Ende des Zweiten Weltkriegs mit der amerikanischen Besatzungsmacht gekommen, und die Älteren erinnern sich gewiß an die Tabuisierung in den Schulen und Büros ebenso wie an die vielbelächelte Gepflogenheit, die Jeans am Körper getragen in der Badewanne einzuweihen und einzuweichen, damit sie nur ja nicht neu aussähen. Auch sollten sie als Folge dieser Prozedur möglichst eng anliegen.

Ihren Namen haben die Erfolgshosen vom italienischen Ortsnamen Genua (englisch ausgesprochen), denn schon im 16. Jahrhundert war die Berufskleidung der italienischen Matrosen blau, wie später das Blau zur allgemein üblichen Marinefarbe avancierte.

Da wurde 1829 im fränkischen Windsheim ein gewisser Levi Strauss geboren. Mit achtzehn Jahren machte er sich auf, um überm großen Teich sein Glück zu suchen (wie man damals sprach). Er gründete auch bald in New

Yorks Lower Eastside eine Tuchfabrik, die er 1850 nach San Francisco verlegte. Seine Spezialität waren Segeltuchhosen für Goldgräber. Da die Taschen durch Werkzeuge und Gesteinsproben oft stark strapaziert wurden, nahm Strauss dankbar die Idee eines Mister Davis aus Virginia auf, der Nieten zur Verstärkung der Nahtstellen vorgeschlagen hatte. So daß man in einer Zeit, da in Deutschland Amerikanismen wie »Jeans« noch auf emotionalen Widerstand stießen, von »Nietenhosen« sprach. Ab 1873 wurden diese Hosen aus blauem Stoff gefertigt, der aus Frankreich kam und »Serge de Nîmes« hieß, woraus mittels schnoddriger amerikanischer Sprechweise schnell »Denim« wurde.

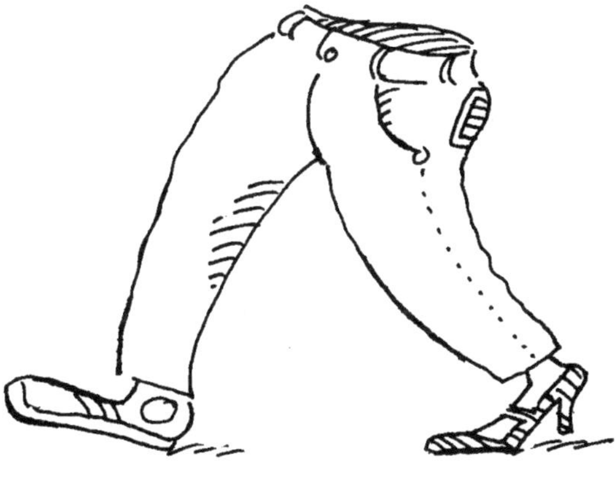

Welche unermeßliche Woge aus dem bescheidenen Beginn geworden ist, braucht man nicht im einzelnen zu schildern. Die Werbung funktionierte. Ein Slogan wie »Der Westen wurde in Jeans erobert« traf die amerikanische Mentalität mitten ins – sagen wir Herz, schon 1945 hatte die Fa. Levi Strauss & Co (der Gründer war 1902 gestorben) ungefähr drei Milliarden Dollar Jahresumsatz.

Die größte Jeans wurde der verblüfften Welt 1992 in Brüssel gezeigt: Sie war 23 Meter lang und hatte eine Taille von 16,80 Meter. Allein ihre Gesäßtaschen maßen 10 Quadratmeter. Der Freiheitsstatue hätte die Hose übrigens wie angegossen gepaßt.

In der Folgezeit wurden solche Zahlen durch Exporte und Lizenzen um ein Vielfaches übertroffen. Die Jeanskleidung ist nicht einfach Mode oder Anzug oder Klamotte, sie scheint auch ein Stück Weltsicht zu symbolisieren. In der Zeit der Hippies verkörperte sie das Anti-Establishment, in der Zeit des Vietnamkriegs fühlten sich viele amerikanische Jeans-Anhänger als »das bessere Amerika, das gegen sich selbst protestiert« (Prof. E. Scheuch).

Die Zahl der Jeansfans wird nicht geringer. Neue Ideen, gute und weniger gute, sorgen dafür, daß die legendären Hosen im Gespräch bleiben: Jeansstoff als Bucheinband, Jeanstaschen, -röcke, -portemonnaies sowie die gewollte Snow-washed-Schäbigkeit. Den Eindruck von »nicht-mehr-neu« erweckt die Industrie durch verschiedene Verfahren, zum Beispiel durch stundenlanges Waschen mit Steinen, durch Sandstrahlen, durch künstliches Ausfransen. Und die Spezis »verfeinern« sich ihre Jeans nachträglich, indem sie ihnen mit der Rasierklinge Blessuren beibringen oder sie mit der Schrotflinte beschießen (so etwas heißt dann Shotgun Denim). Selbst die Pariser Spitzenmodehäuser wie Chanel, Lagerfeld oder St. Laurent sind sich nicht zu schade, den Allerweltsartikel Jeans in Abwandlungen (zum Beispiel chanelisiert) anzubieten.

1983 fand in Köln eine Jeans-Messe statt. Ihr Motto: »Die Erde ist blau!« Im Jahr dieser Messe wurden allein in den USA mehr als vier Millionen der berühmten blauen Farmerhosen produziert.

Wenn der Dollar lacht, hat noch immer die elitäre Noblesse geschwiegen. Man kann heute mit dem Stoff, der weltweit in einem Jahr zu Jeans verarbeitet wird, das Gebiet der Bundesrepublik fast vollständig bedecken. Wenn ein Journalist seine Sendung über die Jeansmode »Das blaue Wunder« genannt hat, so traf er damit wohl den Niet an der richtigen Stelle.

GERÄUCHERT, GESALZEN UND GEPÖKELT

Was hat ein Kasseler-Kotelett mit dem preußischen Militarismus zu tun? Mehr als man ahnen kann. Denn Friedrich II., der Große, hat auf seine Weise zur Bereicherung der Berliner Küche beigetragen. Er führte nämlich, um seinen Wehretat aufzubessern, ein Salzmonopol für Preußen ein. Dies gab allein dem König das Recht, Salz zu verkaufen, seinen Untertanen aber machte es zum Gebot, möglichst viel davon zu verwenden. Salzbücher wurden eingeführt, so daß ein jeder nachweisen konnte, wie er seine salzige Pflicht erfüllt hatte. Der Berliner Fleischermeister Kassel kam in diesen Tagen auf die Idee, Schweinerippchen leicht zu räuchern und danach in Salzlake zu legen. So wurden seine Salzfässer schneller leer, seine Geldkästchen schneller voll.

Das dermaßen haltbar gemachte und dabei wohlschmeckende Gericht, ihm zu Ehren Kasseler Rippenspeer geheißen, wurde zusammen mit dem so unterschiedlich beleumundeten Sauerkohl zur Berliner Spezialität.

Übrigens hat auch das Einpökeln (und damit der Bückling, der in Sachsen Pökling heißt) einen Taufpaten. Der war Niederländer, hieß Beuckels, was sich wie Bökels ausspricht, und starb im Jahre 1397. An seinem Grab in Ekhuysen soll 1556 Kaiser Karl V. haltgemacht haben. Die Legende will, daß der Herrscher in Erinnerung an einen saftigen Bückling zu seinem Gefolge sprach: »Der Mensch verdient für dieses Mahl ein Ehrenmal.«

DIAGNOSE: MERSEBURGER TRIAS

Der Weltreisende Marco Polo hat, so kann man es in seinen Schriften lesen, im mittleren Asien Leute mit einem großen Kropf und hervorstehenden Augen angetroffen. Seine Leser haben das in die Rubrik Lügenmärchen eingestuft. Die seltsame Schilddrüsenerkrankung, von der schon bei Plinius d. Ä. (23–79) die Rede ist, wird vor allem in Gebirgsregionen beobachtet, so daß die Ärzteschaft eine Zeitlang glaubte, das Trinken von Schmelzwasser sei die Ursache dafür.

Der Merseburger Arzt Karl Adolf Basedow hat als erster Deutscher die drei untrüglichen Merkmale der Krankheit beschrieben (wegen der Dreiheit auch Merseburger Trias genannt): erstens Vergrößerung der Schilddrüse, zweitens Glotzauge und drittens Pulsbeschleunigung. Er selbst sprach von der Glotzaugenkrankheit. 1840 veröffentlichte er seine Erkenntnisse in »Caspers Wochenschrift« – und jahrelang erfuhr er keinerlei Echo aus Kollegenkreisen. Das hat ihn so geärgert, daß er 1848 einen zweiten Aufsatz publizierte, in dem er wetterte: »Es ist eine Rekapitulation, damit meine Beschreibung nicht für unbescheidene Unterhaltung mit Phantasiebildern gehalten werde.« Daß man zehn Jahre später, 1858, die Erkrankung nach ihm »Basedowsche Krankheit« nannte, läßt

Den »Veitstanz«, eine Krankheit, die sich in nervösen Zuckungen äußert und die die Ärzte »Chorea Sydenham« nennen, versuchte man im Mittelalter auszutreiben, indem man Sankt Vitus, den heiligen Veit, anrief.

Ähnlich populär ist eine andere Krankheitsbezeichnung, die ebenfalls auf einen Mediziner zurückgeht: Parkinson. Die Erkrankung, als deren wichtigstes Symptom starkes Händezittern gilt, wurde erstmalig 1817 von dem Londoner Arzt James Parkinson (1755–1824) beschrieben.

sich gewissermaßen als Versuch einer Wiedergutmachung auffassen. Basedow hatte sich inzwischen anderen Forschungsgebieten zugewandt, unter anderem dem Flecktyphus. Beim Sezieren eines daran gestorbenen Patienten infizierte er sich 1854 und fand den Tod.

Seine hohe Ehrung hat er also nicht mehr erlebt.

PFERDE DER FEINEN ENGLISCHEN ART

Zwei Gentlemen streiten miteinander. Wie es sich für Gentlemen gehört, nicht etwa laut, und natürlich mit einem fairen Lächeln in den Mundwinkeln. Beide Gentlemen gehören der High Society an, beide verfügen über einen Rennstall. Und beide haben die Grundleidenschaft des Engländers, die Wettsucht. Aber unsere Geschichte spielt nicht, wie es das Tempus vermuten ließe, in unserem Jahrhundert, sondern anno 1780. Und sie trägt sich zu im Herzen Old Englands, in London. Die Kombattanten tragen wohlklingende Namen: Der eine heißt Lord Burnberry, der andere Edward Smith Stanley, 12. Earl of Derby, ein Name, der allein eine ganze Visitenkarte zu füllen imstande wäre. Beide Gentlemen behaupten, daß ihr Rennstallfavorit unschlagbar sei.

Burnberrys Stute »Lady Flower« und Stanleys Hengst »Talbot« sind aufgerufen, das Wettspiel zu entscheiden. Man schreibt den 4. Mai. In Epsom, 22 Kilometer südlich der britischen Hauptstadt, findet das Rennen statt. Unter der Anteilnahme eines sachkundigen Publikums messen sich die Favoriten. 2400 Meter mißt die Strecke. Talbot geht als Sieger durchs Ziel. Das erste Derby der Welt ist entschieden. Derbyday ist fortan (bislang ohne Unterbrechung) in Epsom mittwochs Ende Mai oder Anfang Juni, Derbyrace heißt die

Veranstaltung in der Muttersprache des Rennsports.

Das Ballspiel Rugby wurde noch vor dem Fußball erfunden, nämlich 1823 von Schülern der Stadt Rugby in der englischen Grafschaft Warwick am Avon.

Das Derby des Earl of Derby ist international geworden, in Frankreich zum Beispiel seit 1836 in Chantilly als »Prix du Jockey Club«, in Deutschland seit 1869 in Hamburg-Horn unter dem Namen Norddeutsches Derby; ab 1889 Deutsches Derby.

Und im Zuge der Demokratisierung darf sich inzwischen jedes viertrangige Fußballspiel Lokalderby nennen.

EINER MACHTE DIE WELT DURCHSICHTIG

Lord Byron hat einmal Goethe zu seinem Namen gratuliert, weil der von der Nachwelt so leicht auszusprechen sei. Anders erging es Wilhelm Conrad Röntgen: In Deutschland und in der Schweiz geht man zum Röntgen. In Österreich zum Röntgenisieren, viele andere Länder haben dagegen die Bezeichnung X-Strahlen übernommen, die kurz ist, leicht über die Zunge geht und die der Erfinder selbst seiner neuen »Wunderstrahlung« beigelegt hatte.

Zum ersten Mal beschrieb 1896 ein amerikanischer Journalist in »McClures Magazin« sehr anschaulich die Vorgänge beim Röntgen. Man hatte ihn in Würzburg mit den Worten empfangen: »Sie wollen also die unsichtbaren Strahlen sehen?« Er antwortete: »Nein, etwas Unsichtbares will ich nicht sehen.«

Von den weltbewegenden Erfindungen läßt sich nur selten genau sagen, in welcher Sternstunde sie dem Haupte ihres Urhebers entsprangen. Beim Röntgen kann man es: Am Abend des 8. November 1895 hat der Physikprofessor in einem Würzburger Laboratorium bei Untersuchungen zur Kathodenstrahlung die »Strahlen mit dem ungewöhnlichen Durchdringungsvermögen« beobachtet. War es eine Erfindung, eine Entdeckung? Er hatte nicht danach gesucht, der Zufall spielte ihm gewissermaßen eine Fundsache zu, die er natürlich sofort durchdachte nach allen Regeln seiner wissenschaftlichen Kunst. Erst nach mehreren Wochen behutsamen Forschens veröffentlichte er die »Vorläufige Mitteilung über eine neue Art von Strahlen« (28. Dezember 1895).

Das Echo auf die Entdeckung der Strahlen war naturgemäß sehr vielfältig. So meldete eine New-Yorker Zeitung, man wolle die X-Strahlen jetzt in einem amerikanischen College benutzen, um anatomische Zeichnungen direkt in das Gehirn der Studenten zu projizieren.

Röntgen hat so intensiv alle Aspekte dieses

Die »Pall Mall Gazette« schrieb: »Wir haben genug von diesen Strahlen. Daß man mit bloßem Auge anderer Leute Knochen sehen kann, über diese empörende Unschicklichkeit brauchen wir uns nicht weiter zu verbreiten.«

Die Universität Würzburg erhielt damals mit der Post ein Fernglas zugesandt, dazu die Bitte, es doch mit Röntgenstrahlen auszustatten.

Phänomens durchforstet, daß anderen Forschern ein Jahrzehnt lang nichts Neues dazu einfiel. Erst die elegante Methode von Professor Laue, Kristalle als Beugungsgitter zu verwenden, führte dazu, die bis dahin herrschenden Anschauungen über die Atomstruktur zu verändern – mit Hilfe von Röntgenstrahlung.

Röntgen war durch seine Erfindung schlagartig weltberühmt geworden. Es hagelte Ehrungen, Preise (1901 erhielt er den ersten Nobelpreis für Physik, der überhaupt vergeben wurde), Orden, Denkmäler, Straßenbenennungen, Ehrenbürgerrechte. Geadelt zu werden, lehnte er ab. Auf das Patent verzichtete er »zugunsten der Allgemeinheit«. Das Nobel-Geld stiftete er der Wissenschaft.

Die Bedeutung seiner Entdeckung ist inzwischen allgegenwärtig: Medizin, Zahnmedizin, aber auch Werkstoffprüfung, Kunstwissenschaft, kurzum, fast alle Zweige am Baum unserer Erkenntnis sind ohne sie nicht mehr vorstellbar. Hut ab vor diesem bescheidenen, bedeutenden Gelehrten!

Irrtümer sind zählebig. Besonders wenn sie wahrscheinlich sind. So trifft man immer wieder auf die Ansicht, das Saxophon sei das ureigenste Instrument der Jazzmusik. Dabei ist es in Europa entstanden, und sein Erfinder, der Belgier Adolphe Sax, hat es ursprünglich zur Bereicherung des Klangbildes von Militärkapellen geschaffen.

Sax hatte in der Werkstatt des Vaters sein Handwerk gelernt und mit sechzehn Jahren eine Flöte aus Elfenbein verfertigt. Dann bastelte er an der Verbesserung einiger anderer Instrumente. 1842 gelang ihm das erste neue Blasinstrument, das später unter dem Namen

Ein neuartiges Balginstrument, eine Harmonika, wurde im Jahre 1845 von dem Instrumentenmacher Hermann Band aus der Konzertina seines Chemnitzer Lehrmeisters Uhlig entwickelt. Aber es fand sich kein deutscher Betrieb, der die serienmäßige Fertigung übernehmen wollte. Ein italienischer Harmonikavirtuose nahm das Instrument mit nach Argentinien. Dort wurde es berühmt und kam als »Bandonion« in seine Heimat zurück.

Saxophon patentiert wurde (1846). Doch zunächst war der junge Sax sehr in Nöten um die Zukunft seiner Schöpfung. Er machte sich mit seinem neuen Instrument und 30 Francs in der Tasche zu Fuß von Brüssel nach Paris auf. Dort besuchte er sofort den berühmten Hector Berlioz, um ihm vorzublasen. Schon einen Tag später las Sax in einer Tageszeitung den begeisterten Artikel von Berlioz über das neue Instrument.

Mit den Erfolgen kommen, wie immer, die Neider. Musiker, vor allem aber Konkurrenten, versuchten zuerst, das Saxophon zu verteufeln, dann es zu imitieren. Die erste offizielle Anerkennung: Eine Silbermedaille. Die Experten der Jury hatten das Saxophon für eine Baßklarinette gehalten. Sax' größter Triumph war es wohl, daß sein Instrument schon bald bei allen Militärkapellen Frankreichs, später auch Preußens und Rußlands, eingeführt wurde. 1857 richtete das Konservatorium zu Paris eine Saxophonklasse ein, zu deren Professor man Adolphe Sax berief. Freilich, den Welterfolg hat er nicht mehr miterlebt: die große Zeit des Saxophons als Jazzinstrument. Die Möglichkeit, mit diesem Gerät zu schluchzen, zu quietschen, zu näseln, aber auch klagend schmerzliche, ja priesterlich-ernste Töne hervorzubringen, wurde erst in späteren Jahren voll ausgeschöpft,

Namen wie Sydney Bechet oder John P. Sousa sind davon nicht mehr zu trennen.

Im Jahre 1930 wurden weltweit über eine Million Saxophone gebaut – ein kaum zu überbietender Rekord. Übrigens: Wer möchte beim Anblick einer chromblitzenden Bläsergruppe glauben, daß das Saxophon zu den – Holzblasinstrumenten zählt?

In der Schweiz hat alles seinen Anfang genommen. Ein junger Mann übernahm von seinem Vater 1869 einen Mühlenbetrieb im Kempttal bei Winterthur. Die Belegschaft wurde regelmäßig medizinisch untersucht. Der Arzt, der die Inspektionen vornahm, unterhielt sich eines Tages eindringlich mit dem frisch gebackenen Mühlenbesitzer über den schlechten Ernährungszustand der Leute. Es gelte, um der verbreiteten Mangelkrankheiten und der viel zu hohen Kindersterblichkeit Herr zu werden, ein billiges, nahrhaftes Lebensmittel mit hohem Eiweißgehalt zu entwickeln.

Um die Jahrhundertwende warb die Maggi-Gesellschaft mit dem Vierzeiler: Das wissen selbst die Kinderlein:/ Mit Maggi wird die Suppe fein./ Drum holt das Gretchen munter/ die Maggiflasche runter.

Der junge Unternehmer war allem Neuen aufgeschlossen. Ein solches Projekt, das Menschenfreundlichkeit mit Gewinnaussichten verband, fand seine ungeteilte Zustimmung. Er experimentierte sogleich mit Hülsenfrüchten, um einen Ersatz für das teure Fleisch zu schaffen. Aber die Versuche hatten fast sein gesamtes Vermögen aufgebraucht, ohne daß es zu greifbaren Ergebnissen gekommen wäre. Erst 1886 gelang es ihm, aus Leguminosenmehl kochfertige Suppen herzustellen, nährstoffreiche, preiswerte Tütensuppen, die ersten Fertiggerichte der Welt. Julius Maggi hatte sich und seinen Produkten einen Namen gemacht!

Noch in demselben Jahr erfand er auch die

flüssige Speisewürze aus pflanzlichen Grundstoffen, die Maggiwürze, ein kurz eingedicktes Würzkonzentrat, das nur wenig Salz enthält und fast jedweder Speise einen besseren Geschmack verleiht. Und die Flasche mit ihrer charakteristischen Form erfand er gleich dazu. Nur wenige Produkte sind so populär geworden wie dieses (»Noch einen Spritzer Maggi dran ...«) Was aber weniger bekannt ist, sind die Tatsachen am Rande: Wer weiß schon, daß Künstler mit Weltruf sich der Marke MAGGI bedient haben? Joseph Beuys in seinem Objekt »Ich kenne kein Weekend«. Da kommt eine Maggiflasche zusammen mit einem Reclamheft vor, in einem Aktenköfferchen vereint. Und dem Frankfurter Kunstprofessor Thomas Bayrle stand die Würzflasche für sein Gemälde »Mutter und Kind« Modell. Er schreibt übrigens über diese Flasche. »Sie ist ein Archetyp in Form und Substanz ... Die Amerikaner haben sich Coke, die Deutschen Maggi geschaffen« (Der Maggibetrieb hat seine Zentrale heute in Frankfurt-Niederrad). Wer weiß schon, daß die Deutschen im Jahr 640 Millionen mal zur Maggiflasche greifen, zur Würze in der Kürze? Und wer weiß, daß Wedekind, der Schöpfer solch unsterblicher Werke wie »Lulu«, »Frühlings Erwachen« und »Die Büchse der Pandora,« ein Jahr lang Chef des Maggi« Reklame- und Preßbüros« war? Er dichtete Werbeverse wie diesen (und Julius Maggi schrieb sein »famos« an den Rand des Manuskripts):

»Vater, mein Vater,
ich werde nicht Soldat,
derweil man bei der Infanterie
nicht Maggisuppen hat.«
»Söhnchen, mein Söhnchen!
kommst du erst zu den Truppen,
so ißt man dort auch längst
nur Maggi's Fleischkonservensuppen.«

ES WIRD EIN WEIN SEIN, UND WIR WER'N NIMMER SEIN ...

Sie müssen ein unverwechselbares Flair gehabt haben, die Wiener Vorstädte der alten Zeit: In Alt-Ottakring allein hatten von 155 Häusern 78 das Schankrecht, und an schönen lauen Sommersonntagen kamen oftmals 16 000 Gäste in das Nest, welches selber ganze 5 290 Einwohner zählte. Der Wein war billig, denn in den Anbaugebieten gab es keine Verzehrsteuer. Ein Liter vom Heurigen kostete um die zehn Kreuzer, das waren etwa 40 Pfennige. So setzt es uns nicht weiter in Erstaunen, wenn ein Reiseschriftsteller von dem Ort als »des Heiligen Römischen Reiches größtem Wirtshaus« spricht.

Zum »Heurigengartl« gehört das Wienerlied. Ein kleines improvisiertes Podium aus leeren Fässern und einer darübergelegten Tür (Pablatschen genannt) dient den Musikanten als Bühne, man spielt den Gästen auf mit eigenen Kompositionen, mit Bearbeitungen bekannter Lieder von Lanner und Strauß. Hin und wieder erhebt sich einer der Gäste, hält sein Glas in die Höhe und stimmt zur Musik ein Lied an. Über den Baumkronen singen die Lerchen ihre Begleitmelodien dazu.

Reichtümer konnten sie gewiß nicht sammeln, die Stimmungsmusiker (das Geschäft machten die Musikverleger). Ihre Musik galt

Als die Brüder Schrammel im Schloß Orth an der Donau zur Hofjagd aufspielten, wünschte sich ein prominenter Gast, Graf Potocki, ein Stück aus »Carmen«. Pfiffig sagte Johann: »Ja, wissens, Herr Graf, kinnen tan ma's scho, aber spül'n tan ma's nöt!«

Johann Schrammel lebte von 1850 bis 1893, Joseph Schrammel von 1853 bis 1895.

als billige Ware. Doch sie machten sich nichts draus, musizierten, den Leuten und sich selber zum Spaß.

Wenn das Gespräch auf den Heurigen und das Wienerlied kommt, erhebt sich sofort die Frage: Woher mag der Begriff »Schrammeln« stammen? Und immer findet sich einer, der auf einen lautmalerischen Phantasieausdruck tippt, etwa wie das Schrummschrumm der Baßgeige. Obwohl die Schrammeln heute so populär sind wie eh und je (man schalte irgendwann Radio Wien ein), weiß kaum einer, daß sie in einem Familiennamen ihren Ursprung haben.

Johann und Joseph Schrammel, aufgewachsen in Ottakring, hatten schon als Kinder vom Vater das Violinspiel erlernt. Sie besuchten später das Wiener Konservatorium, einer ihrer Lehrer war Joseph Hellmesberger. Danach gingen ihre Wege auseinander, Johann, der »dicke Schani«, verschrieb sich der Militärmusik (in seinen späteren Kompositionen wie dem vielgespielten »Wien bleibt Wien« hört man das Schneidige noch deutlich heraus), Joseph, der »Schrammel-Peppi«, ging auf Konzertreise, unter anderem nach Kairo, Suez, Alexandria. Als die Brüder sich eines Tages im Vaterhaus wiedertrafen, kam das Gespräch aufs gemeinsame Musizieren. Vielleicht entsprang es einer Art Rivalität, daß sie das Zusammenspiel nie recht gemocht hatten.

Jetzt aber versuchten sie es, holten sich einen Gitarrenspieler und einen Klarinettisten dazu, übten. Sie hatten schließlich 1878 ihren ersten öffentlichen Auftritt: Das Schrammelquartett (später einfach »D' Schrammeln« genannt) hatte seinen ersten Schritt in die Musikgeschichte getan. Und es geschah etwas, was keiner von ihnen erwartet hatte: Ihr Auftreten wurde ein Riesenerfolg. Aus ganz Wien kamen die Leute nach Nußdorf, in die Weinschenke, wo allabendlich die Schrammeln aufspielten, sie tranken ihren Wein, hörten die geliebten Klänge. »Musikalische Feldblumensträuße« schrieb ein Zeitgenosse enthusiastisch. Das Quartett in seiner damaligen Zusammensetzung (zwei Geigen, Gitarre, Klarinette) könnte man heute als die »Urschrammeln« bezeichnen. Das, was bis jetzt und in aller Welt als Original-Schrammel-Besetzung gilt, kam erst später durch einen Zufall zustande: Ein Wienerlied beschreibt die neuere Besetzung mit den Worten: »Zwa Fiedeln, a Klampfn und a Maurerklavier«, wobei mit der Klampfe die Gitarre (eine möglichst siebensaitige Baßgitarre) und mit Maurerklavier das Akkordeon gemeint ist. In Küstengegenden spricht man vom Schifferklavier. Wie diese

Schrammelbesetzung entstand, dabei hatte, wie so oft, König Zufall seine Hand im Spiel.

Das Schrammelquartett war berühmt geworden. Es hatte vor Brahms, Karl Michael Ziehrer, Johann Strauß musiziert. Kaiser Wilhelm, Bismarck, der Wiener Hof, die Fürstin Pauline von Metternich hatten ihnen Beifall geklatscht. Konzertreisen waren für sie nichts Ungewöhnliches mehr. In Chikago wurde die Weltausstellung vorbereitet, die Schrammeln waren dazu eingeladen. Aber Johann fühlte sich krank, er entschloß sich schweren Herzens daheimzubleiben, und sein Bruder blieb bei ihm. Doch ein Zuhausebleiben ohne Musik? Undenkbar. Man hörte sich um nach einem guten Gitarrespieler, bald schon war einer unter Vertrag. Aber einen Klarinettisten zu bekommen, das gelang ihnen nicht. Da kam ihnen ihr musikalischer Vetter Anton Ernst in den Sinn, er spielte Akkordeon. Sollte man vielleicht so probieren? Man probierte, und dies war die Geburtsstunde des eigentlichen »Schrammeltons«, der seitdem nicht mehr verklingen sollte.

Die einen sagen: sentimental, Tränendrüse, pflaumenweiches Wiener Herz. Die anderen: gemütvoll-inniger Wohlklang. In einem Wienerlied heißt es: »'s is von kein' Klassiker, von kein' Genie«. Aber Tausenden wärmt's die Seele.

DIE WIENER PFERDETAXEN UND IHR PATRON

Ebenso wie die Schrammeln ist ein anderer Begriff für die Wiener gleich bedeutend wichtig: der Fiaker. Um so befremdlicher, daß diese Bezeichnung nicht in Wien, sondern in Paris ihren Ursprung hatte. Im Jahre 1650 erhielt ein Monsieur Sauvage die erste Konzession der Welt, Mietwagen auszuleihen (Stadt-Lohnwagen hieß es später etwas umständlich in Deutschland). Als Standort für diesen Lohnwagenhalteplatz hatte die Obrigkeit die Straße St. Antoine bestimmt, genauer das Gasthaus »Zum heiligen Fiacrius« in der Rue St. Antoine. Das Wirtshausschild mit dem Porträt des Fiacrius war so etwas wie heute das Signalschild »Taxihalteplatz«. Fiacrius, der Heilige selbst, hat nun wirklich mit dem Verkehrsgewerbe nichts zu tun. Er soll ein frommer Mann gewesen sein, wie man von allen Heiligen anzunehmen gewillt ist. Und er soll in Frankreich als Einsiedler gelebt haben. Und er ist, das scheint gesichert, der Schutzheilige der Gärtner.

Der Fiaker jedenfalls hat in Österreich unwiderruflich Heimatrecht gefunden. »Kutscher kann a jeder wern, Fiaker wird mer nur in Wien!« Tu felix Austria!

BESUCH IN DER ANTIKEN-SAMMLUNG

Willkommen, meine Damen und Herren! Ich begrüße Sie in unserem Altertumskabinett. Bitte berühren Sie nichts. Die alten Stücke sind kostbar, außerdem könnten Sie sich die Hände staubig machen. Was Sie hier vor sich sehen, ist das Prokrustesbett. Der Mann mit diesem Namen war ein Räuber, der alle seine Gäste in dieses Bett legte. Waren sie zu lang dafür, wurde ihnen ein Stück abgeschnitten. Waren sie nicht lang genug, wurden sie gestreckt. Prokrustes ist also der Erfinder des Schemas, in das man auch die vernünftigste Sache der Welt hineinpressen kann.

Was über dem Bett an der Wand hängt, inzwischen blaßrosa geworden (treten Sie ruhig näher heran), ist der Ariadnefaden. Ihn hat die Königstochter Ariadne ihrem Verlobten Theseus in die Hand gedrückt, damit er aus dem Labyrinth heraus den Weg ins Freie findet. Ich bitte Sie nun einen Augenblick um Ruhe. Was Sie gleich aus dem Lautsprecher hören werden, sind die berühmten Kassandrarufe: Die Dame hatte vor dem Trojanischen Pferd gewarnt, aber auf sie hörte ja keiner.

Bitte folgen Sie mir in die nächste Abteilung.

Die Büchse auf dem schwarzen Sockel ist diejenige der Pandora. In ihr, der Büchse, waren alle Übel verschlossen, aber Pandora, das dumme neugierige Mädchen, öffnete sie, und alles Böse flog heraus und kam in die Welt. Es war gut, daß sie gleich den Deckel wieder draufgesetzt hat. Dadurch ist wenigstens die Hoffnung drin geblieben.

Durch das vergitterte Fenster auf der anderen Seite können Sie einen Blick in den Augiasstall werfen. König Augias, der viele Rinder besaß, hatte ihn seit Jahren nicht entmisten lassen. Der arme Herakles sollte ihn an einem Tage säubern. Da kam er auf den Einfall, einen Fluß hindurchzuleiten. Seitdem ist der Stall ein Bereich vorbildlicher Ordnung. Unter dem Fenster sehen Sie das Danaidenfaß. Nacht für Nacht, bis in alle Ewigkeit, müssen

Zwei antike Göttergestalten leben in höchst profanen Begriffen fort. Vulkan, Feuergott und göttlicher Schmied in der Vulkanisieranstalt; und die liebliche Blumengöttin Flora in der – Darmflora.

die Danaiden, die Töchter des Danaos, Wasser hineinschöpfen. Zur Strafe dafür, daß sie alle in einer Nacht ihre Männer umgebracht haben. Wie Sie unschwer aus dem durchlöcherten Boden ersehen können, fließt das Wasser immer wieder ab. Der Grund dafür, daß wir aus unserem Museum den Schwamm nicht herausbekommen.

In der nächsten Abteilung können Sie das Prunkstück unserer Sammlung, den Thespiskarren, bewundern. Der alte Grieche Thespis hat von diesem Fahrzeug herab seine Tragödien zum besten gegeben. Wenn er viel unterwegs war, mußte er fleißig die Achsen schmieren, daher auch Schmierentheater. Der Äskulapstab, den Sie daneben sehen, hat mit dem Thespiskarren nichts zu tun, er ist mehr an anderen Karren zu sehen. Der Stab mit der Schlange wurde von Äskulap gestiftet, einem alten Gott der Heilkunde, der seine Diagnose den Kranken im Traum verkündete. Was man heute nur noch bei sehr erfahrenen Medizinern beobachten kann.

Das Pferd mit den angewachsenen Flügeln, das Sie zu Ihrer Rechten sehen, ist der Pegasus, auch Dichterroß genannt. Er trägt die jungen Lyriker, die sich auf ihn geschwungen haben, in den Olymp. Die unbegabten wirft er allerdings vorher ab. Vor der Erfindung des Metronoms half sein Hufschlag den

Dichtern beim Einhalten des richtigen Versmaßes. Der schreckliche Höllenhund mit den erleuchteten Augen nennt sich Zerberus. Er bewachte die Unterwelt, wedelte jeden Ankommenden freundlich an, ließ aber keinen wieder hinaus. Er gilt als das Wappentier der Wach- und Schließgesellschaft.

Mit der zoologischen Abteilung war unser Rundgang beendet. Dank für Ihre Aufmerksamkeit.

Bitte behalten Sie unsere Raritäten in guter Erinnerung.

ALEXANDERS GEWALTSTREICH, KÄSTNERS FOLGERUNG

Der Museumsführer hat etwas übersehen, das ganz versteckt in einer Türnische hing, grau und im wahren Wortsinn fadenscheinig, der Gordische Knoten. Der hat eine schöne Vergangenheit. In der Provinz Phrygien gab es einen Orakelspruch: Den Mann, der den Phrygiern auf dem Weg zum Heiligtum des Zeus als erster begegnete, sollten sie zu ihrem König machen. Der Landwirt Gordius war es, und den erhoben sie auf den Thron. Er gründete bald darauf eine Stadt und gab ihr seinen Namen: Gordion. Dem Göttervater weihte er einen Streitwagen, mit dem es eine besondere Bewandtnis hatte: An seiner Deichsel war ein kunstreicher Knoten, und wem es gelänge, diesen zu lösen, dem sollte die Herrschaft über ganz Asien zufallen. Alexander der Große machte sich, als er im Frühjahr des Jahres 333 v. Chr. auf dem Marsch nach dem Schlachtfeld von Issus vor diesem Rätsel stand, nicht viel Kopfzerbrechen: Er zog sein Schwert und hieb den Knoten ohne Umstände entzwei. Der lachende Philosoph Erich Kästner hat in dieser Fabel einen kostbaren Kern gefunden:

Den unlösbaren Knoten zu zersäbeln,
gehörte zu dem Pensum Alexanders.
Und wie hieß jener, der den Knoten knüpfte?
Den kennt kein Mensch.
Doch sicher war es jemand anders.

Der große Alexander war aber nicht nur ein entschlossener Macher, sondern auch ein Philosoph. Zu einem Vertrauten sagte er einst: »Wäre ich nicht Alexander, so würde ich gern Diogenes sein«, und meinte den mit dem Diogenesfaß, der ihm einst, als der Herrscher ihm einen Wunsch freitstellte, einfach antwortete: »Geht mir aus der Sonne.«

DER ALTJAHRESHEILIGE

Manche haben es durch ihre Taten oder Ideen vollbracht, in Begriffen weiterzuleben. Anderen wurden Taten oder Ideen zugeschrieben, was ihnen zum (unverdienten) Nachruhm gereichte. Wieder andere haben überhaupt nicht existiert, wurden erfunden – und lebten plötzlich in der Vorstellung der Gegenwart und der Zukunft. Daß einer durch den Tag seines Todes ans Überleben kam, ist wohl einmalig.

Die Rede ist von Papst Sylvester dem Ersten. Über sein Leben ist nicht viel bekannt, sein Name steht aber im Zusammenhang mit einer der gewaltigsten Betrugsaffären der Menschheitsgeschichte. Er soll Kaiser Constantin den Großen vom Aussatz geheilt und ihn getauft haben, worauf dieser nicht nur von den Christenverfolgungen abließ, sondern auch das Christentum einführte und aus Dankbarkeit dem Heiligen Stuhl den Vorrang über alle Kirchen, die Herrschaft über Rom und Italien sowie den Lateranspalast schenkte ... so berichtet die »Vita Sylvestri« im römischen Sinne. Die »Constantinische Schenkung« ist eine Fälschung aus dem 8. Jahrhundert. Papst Sylvester, der später heiliggesprochen wurde, hat also nichts damit zu tun. Die Überlieferung weiß zu berichten, daß Constantin die Taufe erst auf seinem Totenbett (337) empfangen habe, und zwar von

Das Osterfest trägt einen göttlichen Namen. Ostara war eine germanische Gottheit, Göttin des aufsteigenden Lichts; Frühlingsfeste und -feuer waren ihr geweiht. Das Fest der Auferstehung der Natur ist erst später mit dem christlichen Auferstehungsfest in Verbindung gebracht worden.

Eusebius, nicht von Sylvester. Fast 700 Jahre hat die Christenheit das falsche Dokument für echt genommen, bis im 15. Jahrhundert Laurentius Valla und Nikolaus Cues den Schwindel aufdecken konnten. Da waren aber die kirchlichen Machtverhältnisse längst unverrückbar gefestigt.

Sylvester starb am 31. Dezember 335. Seitdem nennt man den Altjahresabend, an dem so viel über die Zukunft gerätselt, so viel über die Vergangenheit meditiert, so viel Punsch konsumiert und so viel Blei gegossen wird, kurz und bündig Silvester.

GESETZE OHNE GNADE

Wenn es um strenge Gesetze, harte Strafen geht, wird gelegentlich das Wort drakonisch gebraucht. Wer ganz deutlich werden will, fordert drakonische Maßnahmen, drakonisches Durchgreifen. Drakon (auch Drako) gehörte dem Geschlecht der Eupatriden an, altem griechischem Adel. Er lebte in einer Zeit, da Athen von inneren Unruhen erschüttert wurde. Rechtssicherheit war nicht gewährleistet, würde man heute sagen.

Im Jahre 624 v. Chr. erhielt er den Auftrag, Justizsatzungen und Gerichtsgebräuche aufzuzeichnen und Maßregeln für die Verhinderung von Willkür auszuarbeiten. Seine Gesetze waren tatsächlich von erbarmungsloser Härte; so wurden nicht nur Tempelschändungen und Mord mit dem Tode bestraft, sondern beispielsweise auch Fruchtdiebstahl, ja sogar Müßiggang. Der Volksmund meint zu Recht, strenge Herren regieren nicht lange. Schon 594 vor Christo gestaltete der weise Solon die Gesetze für seine Mitgriechen wieder um.

Aber man soll Gerechtigkeit walten lassen, auch gegenüber dem unnachsichtigen Drakon. Ihm verdankt das abendländische Recht zwei sehr wesentliche Fortschritte: Er ersetzte die landesübliche Blutrache durch öffentliche Schiedsgerichte. Und er formulierte als erster Jurist der Weltgeschichte die klare Unterscheidung zwischen Mord und Totschlag.

Daß der Kalauer aus 03205 Calau stammen soll, ist eine Verleumdung; daß die Witze von Heinz Kahlow dahinterstecken, nicht zu beweisen; daß das französische Calembourg (für Wortspaß) sein Ursprung sei, nicht wahrscheinlich; daß er mit dem um 1450 von Philipp Frankfurter verfaßten Schwankbuch »Der Pfaffe vom Kalenberg« zu tun habe, nicht sicher.

Sogar mit dem Kalauer selbst wurde gekalauert. So berichtet Sigmund Freud in seiner Arbeit »Der Witz und seine Beziehung zum Unbewußten« von einem Freunde, der in guter Stimmung auf jede Frage einen Kalauer zur Antwort parat hatte, er habe »ständig auf der Ka-Lauer gelegen und wollte eines Tages zum poeta ka-laureatus gekrönt werden«.

Meister im Finden geistreicher Kalauer war lange Zeit die satirische Berliner Zeitschrift »Eulenspiegel«. Ein erbarmungsloser Kinokritiker wurde Lichtspielverderber genannt, ein Getränkeladen, der sommers ohne Getränke blieb, Durststreckenwärter, und ein Leser, der einen Verfasser in Schutz nahm, Autorhüter. Vorzüglich war auch die Wortschöpfung Auftragikomödie im Zusammenhang mit Fleurop – und Hinweis auf einen hoffentlich der Vergangenheit angehörenden Zustand.

Ja, aber woher stammt er nun, der Kalauer? Aus dem alten deutschen Witzblatt »Kladderadatsch«. Dort hatte sich ein Redakteur für seine ständig wiederkehrende Witzspalte die Überschrift »Das Neueste aus Kalau« einfallen lassen.

Auch die Nach-Wendezeit hat ihre Kalauer hervorgebracht: Die an ewigen Baustellen Wohnenden empfind sich als Trampelpfadfinder, die ›Abgewikkelten‹ als Verlustobjekt und die Arbeiten des Wiesbadener statistischen Bundesamtes als Tabelletristik.

EIN VERWUNDBARER HELD

»Das ist seine Achillesferse.« Der so etwas sagt, meint damit die Schwachstelle, den verwundbaren Punkt eines Mitmenschen. Wie tröstlich, daß der Held des Trojanischen Krieges, der scheinbar Unbesiegbare, mit solch einer menschlichen Schwäche behaftet war! Seine Mutter Thetis hatte den kleinen Achill unverwundbar und unsterblich machen wollen durch ein Bad im Wasser des Styx, dieses Grenzflusses zwischen Welt und Unterwelt. Sie faßte den Kleinen an der Ferse und tauchte ihn ein. Aber wo sie seinen Fuß umfaßt hatte, konnte das Wunderwasser den Körper nicht benetzen. So war das schlimme Ende bereits beschlossen, das nach vielen bestandenen Abenteuern, nach zahlreichen Heldentaten und einem Leben voller Kampf und List und Sieg und Mut kommen mußte.

Achill trat in den Apollotempel, sein Widersacher Paris hatte sich hinter einer Bildsäule versteckt, zielte genau und schoß dem Unverwundbaren einen tödlichen Pfeil in die Ferse. Siebzehn Tage lang haben ihn die Griechen beweint. Unsterblich ist er dennoch geworden, dank seines anfälligen Fußes. Paris übrigens ebenfalls. Aber nicht etwa durch das feige Attentat, sondern durch sein berühmtes amouröses Urteil.

Der junge Achill war im übrigen nicht ein-

Achillesferse

seitig. Man hatte ihn im Kriegshandwerk unterwiesen, aber auch »in allen einem Helden anständigen Künsten, so Medizin, Musik und Poesie«, so daß jemand, der Achillesverse – mit v statt mit f – schreibt, so unrecht vielleicht gar nicht hat.

DIE KÖNIGE DER VERFÜHRER

Jeder Mensch trägt ein geheimes Glokkenspiel in der Brust, und die Herrlichkeit des Lebens besteht darin, den immer neuen Melodien zu lauschen, die dann erklingen, wenn der Hauch der Leidenschaft die Glocken bewegt.«

Giacomo Casanova, aus dessen Memoiren dieser poetische Satz stammt, hat über viele Jahre die schönsten Melodien vernommen, und nie wurde er müde, auf sie zu hören. Der Venezianer wußte, wovon er sprach, wenn es um die Liebe ging. Verschwenderisch ist das Glück mit ihm umgegangen, hat ihm die Herzen von hundert Frauen zufliegen lassen, von Künstlerinnen und Fürstinnen, Kokotten und Kammermädchen, Witwen und Jungfrauen. Aber er hat allen reichlich zurückgegeben: Glut, Geist und etwas, für das unsere Zeit kein Wort mehr hat. In seiner, der Rokoko-Epoche, hat man es Galanterie genannt.

Gewiß, Casanova war auch ein Hochstapler, Spieler, Betrüger. Als Sproß einer Schauspielerfamilie ist man in vielen Sätteln zu Hause. Dem Beruf des Priesters sagte er bald Lebewohl, wurde Fähnrich, Geiger, Magier. Die Inquisition sperrte ihn wegen seiner Gottlosigkeit in das berüchtigte Gefängnis des Dogenpalastes. Er brach aus, auf halsbrecherische Weise. Auf der Flucht durch halb Europa stürzte er sich von einem Abenteuer ins andere. Spielbankaffären, Duelle, neue Verfolgungen wechselten einander ab. Er kaufte sich einen Adelstitel, der Chevalier Casanova de Seingalt reiste nach Wien, Dresden, Budapest, an den Hof von St. Petersburg, und kam immer wieder zum Karneval nach Venedig zurück. In Frankreich »verjüngte« er eine reiche Witwe und erleichterte sie um ihr Vermögen. In Wien nahm er eine Stelle als Sekretär des venezianischen Gesandten an, aber sein Brotherr starb.

Den rastlosen Chevalier trieb es nach Deutschland, er traf unterwegs den Grafen Waldstein, einen Nachkommen des Friedländers Wallenstein, entschloß sich, Bibliothekar auf dessen Schloß Dux (heute Duchcov) zu werden. Dort schien nun endlich Ruhe in sein Leben zu kommen. Aber diese entpuppte sich als Langeweile. Schlimmer noch: Die Mitmenschen aus seiner näheren Umgebung, Diener und Zofen, demütigen den gealterten Mann, wo sie nur können. Er zieht sich zurück in die Vergangenheit, erlebt, seine vielbändigen Memoiren schreibend, dieses bewegte Leben noch einmal, doch diesmal nur in der Erinnerung.

Ein Satz aus Casanovas Memoiren: »Lucia entblößte sich, ohne zu bedenken, daß sie damit zwei Halbkugeln enthüllte, deren Schönheit imstande gewesen wäre, den erfahrensten Lotsen schiffbrüchig werden zu lassen.«

Seine letzten dreizehn Jahre verbringt er in Abgeschiedenheit, verbittert.

Casanova ist sprichwörtlich geworden. Wenn man heute einen betrunkenen Matrosen, der jede Nacht mit einer anderen verbringt, den »Hafen-Casanova« nennt, so trifft das – genau daneben. Unser Mann nämlich war ein Charakter. Er konnte nächtelang mit Dichtern und Königen philosophieren, er hatte wohl die seltene Gabe, Frauen glücklich zu machen, ihnen etwas zu bedeuten und die Gewißheit zu schenken, als sie selbst geliebt worden zu sein. Jede Frau, die er verließ, hat geweint, aber in ihren Tränen war Achtung. Verlassen hat er sie alle.

Don Juan scheint ein Synonym von Casanova zu sein. Aber er entstammt einer anderen Zeit. Nicht die Leichtigkeit und Eleganz des Rokoko sind ihm eigen, er steht dem Doktor Faust näher, der um der Schönheit und des Liebeszaubers willen nicht den Pakt mit dem Teufel verschmäht. Ein anderer Unterschied zwischen beiden Gestalten ist noch von größerem Belang: Don Juan ist eine Kunstfigur. Sein Urbild ist Tenorio, der Held des alten spanischen Dramas »Der Spötter von Sevilla und der Steinerne Gast« (1630), danach hat Tirso de Molina das Schauspiel »Don Juan« geschrieben. Diese Figur durchzieht die Weltliteratur wie ein roter Faden, zahlreiche Dichter haben den Stoff aufgegriffen und bearbeitet, unter ihnen Molière in Frankreich, Chadwell und Lord Byron in England, Grabbe in Deutschland, Puschkin in Rußland, Goldoni in Italien. In späterer Zeit haben sich Lenau (1851), Heyse (1884) und Sternheim (1909) seiner angenommen. Nicht zuletzt denkt man an Mozarts wundervollen Don Giovanni. Der Librettist hatte den Don Juan italienisiert.

Die Weltgeschichte will es, daß es einen Verknüpfungspunkt zwischen beiden Verführer-Figuren gibt. Mozart war 1787 nach Prag gereist, wo im reizenden Tyltheater der Altstadt die Premiere des Don Giovanni, seines »Geschenks an die Prager«, stattfinden sollte. In letzter Minute fiel ihm noch eine Arie ein, er brachte die Noten zu Papier, aber Da Ponte, sein Librettist, war in Wien geblieben. Durch Zufall weilte in diesen Tagen Casanova in Prag. Mozart traf sich mit ihm und übertrug dem schreibgewandten Mann die Arbeit. So ist ein Text von Casanova Bestandteil des »Don Juan« geworden.

Ganz in der Nähe des eben erwähnten Tyltheaters gibt es einen Andenkenladen. Dort kann man Prag-Souvenirs kaufen. Die nette Verkäuferin legt jedem ihre bunten Bildserien vor. Dem Zögernden hält sie ein harmonikaartig zusammengeklapptes Heftchen entgegen und läßt es sich entfalten. Dazu fragt sie: »Möchten Sie vielleicht lieber dieses Leporello?« Ja freilich, Leporello, der Diener Don Juans hatte doch so ein endloses Verzeichnis, in dem die Geliebten seines Herrn säuberlich aufgeführt waren! Das Leporello des Leporello.

»Masochismus« wird im Lexikon so definiert: Perversion, in der das Erdulden von Mißhandlungen geschlechtliches Lustgefühl vermittelt. Der Sexualpsychologe Krafft-Ebing benannte die sexuelle Abartigkeit nach seinem Zeitgenossen, dem Schriftsteller Leopold Ritter von Sacher-Masoch (1836–1895). Als dieser ein Kind war, erzählte ihm sein Kindermädchen Handscha mit Vorliebe blutige Horrorgeschichten. Als erwachsener Mann schilderte er in mehreren Romanen und Novellen (unter anderen »Galizische Geschichte«, »Falscher Hermelin«, »Die Messalinen Wiens«) Menschen, die nur im Ertragen von

Von der Liebe war die Rede, von der übermäßigen, grenzenlosen Liebe der großen Verführer. Wo Licht ist, findet man Schatten, wo Liebe ist, da findet man Perversion. »Dies ist ein Sadist«, wie schnell geht einem das von den Lippen.

Wer aber war dieser Donatien Alphonse Francois Marquis de Sade wirklich, dessen Name für diese abwegige menschliche Leidenschaft herhalten muß?

Seine Biographie zu lesen, in seinen Werken (wie »Justine«, »Juliette« oder »Les crimes de l'amour«) die Gedanken und Empfindungen dieses kranken Mannes nachzuvollziehen, ist überaus anstrengend. Immerfort monomanisch aneinandergereiht, folgt eine Prügelszene der anderen, wechseln krankhafte Ausschweifungen mit Gewalttaten von monströser Brutalität. Sein reales Leben bestand (genau wie sein literarisches) aus ermüdenden Wiederholungen: Prozesse, Flucht, Verurteilungen, Kerker, Ausbruch, neue Verbrechen, Anklagen. Fast die Hälfte seines 74jährigen Lebens hat der Marquis in Gefängnissen verbracht; was übrigblieb, in luxuriösen Schlössern und auf der Flucht. In der Zelle brütete seine Phantasie aus, was er in den Zwischenzeiten zu realisieren versuchte.

Ein Ausschnitt aus seiner Lebensgeschichte: 1774/75 Affäre von La Coste. Seine Ehefrau Renee Pelagie de Montreuil, angesehener französischer Adel, führt ihm fünf kleine Mädchen zu und wird Zeugin der widerlichsten Knüppel-, Peitschen- und Messerszenen. Prozeß, Februar 1777 in Vincennes inhaftiert. Juli 1778 auf einem Transport geflohen. 39 Tage in Freiheit. Fünf Jahre Vincennes, fünf Bastille. Dort schreibt er eine Tragödie, zwei Dramen, drei Komödien, sechs Einakter, Erzählungen, Märchen, Tagebuch. 1789 ins Irrenhaus. 1790 durch die französische Revolution befreit, neue Ausschweifungen und Straftaten, 1794 zum zweiten Mal zum Tode verurteilt. Zehn Bände »Nouvelle Justine« erscheinen, de Sade streitet die Urheberschaft ab. Begnadigt. 1801 erneut in Haft genommen. Zwei Jahre später kommt er noch einmal in die Irrenanstalt. Dort, in Charenton, sitzt er bis zu seinem Tode am Schreibtisch und erzählt immer und immer wieder dem Papier, was die Leute nicht mehr von ihm hören wollen. Tragisch, ja. Aber auch ekelhaft. Da ist Herr Hans (spanisch Don Juan) denn doch um Welten sympathischer.

Torturen ihr Glück finden. Im Dezember 1869 schloß er mit seiner Geliebten Fanny v. Pistor einen Vertrag, in dem sich beide zu einem sechsmonatigen Sklave-Herrin-Verhältnis verpflichten. Der Vertrag hält alle Details dieser seltsamen Partnerschaft fest, zum Beispiel das Recht der Herrin, ihren Knecht nach Gutdünken zu strafen und ihr Versprechen, »tunlich Pelze zu tragen, besonders wenn sie grausam ist«. Ergebnis dieser Liaison wurde die Novelle »Venus im Pelz«.

EIN KÖNIG VOLL SINNENFREUDE UND WEISHEIT

Die Bibel erwähnt ganz am Rande, daß König Salomo siebenhundert Frauen und dreihundert Kebsweiber hatte. Nun sind ja die Übertreibungen der Bibel bekannt (Methusalem oder besser Methusael soll noch seinen 969. Geburtstag gefeiert haben), doch selbst wenn man einige Abstriche zu machen bereit ist: Viel Zeit kann Salomo nicht fürs Regieren übriggeblieben sein. Das »Hohelied Salomos« kündet, wenn es überhaupt noch eines Beweises dafür bedurft hätte, von der Genußfreude des Königs. »Deine Liebe ist lieblicher als Wein«, heißt es da. »Ich beschwöre euch, ihr Töchter Jerusalems, bei den Rehen oder Hinden auf dem Felde, daß ihr meine Freundin nicht aufweckt noch regt, bis es ihr selbst gefällt.« »Ein Gartenbrunnen bist du, ein Born lebendiger Wasser.« Aber nicht durch diese wunderbar feinsinnigen Worte ist Salomo zum Begriff geworden, sondern durch die Treffsicherheit seines Urteilsspruches.

Salomonisches Urteil

Salomonische Weisheit, salomonische Entscheidung: Zwei Frauen streiten sich um ein Kind. König Salomo, zum Richterspruch gebeten, läßt ein Schwert bringen. »Wir zerteilen das Kind, jede soll die Hälfte bekommen.« Darauf die wahre Mutter: »Nein, gebt es der dort, aber zerteilet es nicht.« Bertolt Brecht hat das Motiv (leicht abgewandelt) in seinem

»Kaukasischen Kreidekreis« zum Kunstwerk verdichtet.

Es muß nachgetragen werden, daß viele hundert Jahre später ein schottischer Bauer, dessen Name nicht überliefert ist, es mit Salomo in puncto Weisheit durchaus aufnehmen konnte. Seine Söhne hatten sich nicht über die Verteilung des väterlichen Erbes einigen können. Der Vater sprach nach einigem Überlegen: »Ich gebe dem James Vollmacht, die Erbschaft nach seinem Gutdünken zu teilen ...«, James lächelt. »Und Donald gebe ich die Vollmacht, seinen Teil als erster auszuwählen.« Wenn das nicht salomonisch ist ...

Wäre es nicht Staatskunst, in Gesetzgebung und Gerichtsbarkeit das Drakonische gelegentlich mit dem Salomonischen zu verbinden?

DIE ZWERGE DER WINDROSE

Wer sich lesend in die germanische Mythologie verirrt, wird schon bald einen seltsamen Zauber verspüren: Es weht ihn aus den Worten und aus den Gestalten ein Hauch von Märchen an, eine Ahnung von ehrwürdigen Geheimnissen. In steinalten Wendungen raunt eine rätselhafte Fee vom Eichhörnchen Ratatöskr, von der Schlange Jörmungandr, von Wodans Grauschimmel Sleipnir, von den drei Schicksalsgöttinnen Urd, Werdandi und Skuld, von Wafthrudnir, dem Riesen, und Gullinbursti, dem goldborstigen Eber. Es dämmert in diesen Lauten ein Stückchen Vorgeschichte herauf, es flüstern die Geister aus alten Zeiten; und so spricht Karl Simrock von der Erschaffung des Kosmos, wenn er die Edda nacherzählt: »Die Götter nahmen den getöteten Ymir, warfen ihn mitten in Ginnungagap und schufen aus ihm die Welt, aus seinem Blute Meer und Wasser, aus seinem Fleische die Erde, aus seinen Knochen die Berge, aus seinen Zähnen, Kinnbacken und zerbrochenem Gebein die Felsen und Klippen. Aus seinem Schädel bildeten sie den Himmel und erhoben ihn über die Erde mit vier Ecken oder Hörnern: unter jedes Horn setzten sie einen Zwerg, die heißen Austri, Westri, Nordri, Sudri.«

Sieh da! Sollten die Zwerge unserer Altvordern nicht nur als Hartbrandwichtel unter uns weiter existieren, sondern auch als Ost, West, Nord, Süd?

Osten, Westen, Norden, Süden

AUS DER WELT DER PFERDESTÄRKEN

Wenn der Augenblick herangereift ist, vermag der Flieger mit einer Bewegung, die geringer ist als die des Pflückens einer Blume, das Flugzeug vom Boden zu lösen und es in die Luft zu erheben.«

Dieser poetische Bericht, der der Feder von Antoine de Saint-Exupéry entstammt, schildert bildhaft, was allen Schöpfern und Verbesserern von Maschinen vorgeschwebt haben mag: Die Verquickung von Kraft, Mobilität und Eleganz. Schon James Watt hatte von seiner Dampfmaschine geglaubt, daß sie einst Wagen oder sogar Luftschiffe antreiben könne (Lokomotive, Dampfwalze und Dampfschiff waren Kilometersteine auf dem Weg zu diesem Ziel, das nie erreicht wurde).

Mehr Chancen mußten die Verbrennungsmotoren haben. Freilich ist ein weiter Weg von Huygens' »Ur-Verbrennungsmaschine« von 1673, die durch Pulverexplosionen Arbeit leisten sollte, bis zu einem modernen Flugzeugmotor.

Doch Rom wurde nicht an einem Tag erbaut, der zweite Schritt nie vor dem ersten getan. Eine bedeutende Leistung war mit Sicherheit der Gasmotor von Otto und Langen, der auf der Pariser Weltausstellung 1867 eine Goldmedaille erwarb. Der deutsche Ingenieur Nicolaus August Otto hatte 1861 den Gedanken des Viertakt-Prinzips in die Welt gesetzt und einige Jahre später (1876) das Patent für einen Viertaktmotor, den Ottomotor, erhalten. Dieses ominöse Reichspatent hat dem Erfinder Otto manche schlaflose Stunde bereitet, denn es wurde ihm 1886 nach langwierigen, von Konkurrenten inszenierten Verhandlungen – wieder entzogen, angeblich weil das Prinzip schon vor ihm bekannt gewesen sei. Der Kummer darüber hat sein Leben vorzeitig beendet. In Köln-Deutz ist im Jahre 1931 ein stationärer Motor auf steinernem Sockel als Denkmal für den Erfinder des Ottomotors aufgestellt worden. Denn postum wurde der geniale Mann vollends rehabilitiert. Gottlieb Daimler und Wilhelm Maybach hatten wesentlichen Anteil daran, daß der Benzinmotor die Entwicklung des Kraftfahrzeuges einleiten konnte, durch die Beteiligung von Robert Bosch wurde auch das Problem der Zündung zufriedenstellend gelöst. Zu etwa derselben Zeit kam aus Frankreich die Nachricht von einem Benzinmotor, und auch Carl Friedrich Benz in Mannheim hatte einen (Zweitakt-) Benzinmotor erdacht.

Der deutsche Ingenieur Rudolf Diesel brachte mit seiner Schwerölmaschine ganz neue Impulse in die Motorenentwicklung. 1892 erhielt er ein Patent, es dauerte aber sechs Jahre, bis der neue Motor produktionsreif war. Dieser erste Dieselmotor, der unter Mitwirkung des Rüstungskonzerns Krupp in Essen gebaut wurde, enthielt schon alle wesentlichen Merkmale heutiger Maschinen. Rudolf Diesel, der am Ende seines Lebens Multimillionär war und sich in abenteuerliche Spekulationen verwickelt hatte, ist bei einer Seereise 1913 ertrunken, und die Historiker sehen keinen Grund, an einem Selbstmord zu zweifeln. Den Einbau des Dieselmotors in Kraftfahrzeuge hat sein Erfinder nicht mehr erlebt, er gelang erst zehn Jahre nach seinem Freitod.

Die totale Mobilität des einzelnen Bürgers, die uns das Automobil gebracht hat, war am Anfang dieses Jahrhunderts noch nicht einmal als Utopie denkbar. Sie ist nicht nur eine Tatsache geworden, sondern (bei allem Für und Wider, mit ihren Segnungen und ihrem Unglück) ein Kennzeichen der Gegenwart. Ist es nicht recht und billig, daß die Namen der Männer, die dafür die Vorarbeit geleistet haben, einen Platz in unserer Alltagssprache haben: »Zwanzig Liter Diesel bitte.«

Der Drehkolbenmotor (eine Maschine mit besonders hohem Wirkungsgrad) ist als Wankelmotor bekannt und wurde 1954 von Felix Wankel ersonnen.

VOM HEILIGENSCHEIN EINES SCHEINHEILIGEN

Es zeugt von Konsequenz, wenn Theaterdirektoren, statt an ihren Autoren herumzumäkeln, zur Feder greifen und ihre Stücke selber schreiben. So geschah es in Paris Mitte des vorigen Jahrhunderts. Die Brüder Hippolyte und Theodore Cogniard, die ein Theater in der französischen Hauptstadt leiteten, schrieben zusammen eine ganze Anzahl zugkräftiger, publikumswirksamer Lustspiele, sogenannte Vaudevilles. Das waren Possen mit coupletartigen Gesangseinlagen, bei denen oftmals das Publikum mitsang.

Die Stücke sind heute vergessen, die Cogniardbrüder konnten sich keinen Platz in der Literaturgeschichte sichern. Indessen lebt eine ihrer Figuren wohlgemut weiter, und das mit Recht.

In der Komödie »La cocarde tricolore«, einer Satire auf das falsche Heldentum, 1831 uraufgeführt, gibt es einen Rekruten, der unaufhörlich mit seinem Mut prahlt und nicht spart mit großtuerischen Reden über die eigene Nation und abfälligen Bemerkungen über die Fremden, herzhaft belacht vom kritischen republikanischen Pariser Publikum. Der Refrain eines seiner beliebtesten Couplets beginnt mit »Je suis Francais, je suis Chauvin ...«, und bald schon ist, erst in Frankreich, dann auch in seinen Nachbarländern, Chauvin und der Chauvinismus ein Begriff, der sowohl säbelrasselnden Nationalstolz wie auch beschränktes Patriotentum meint. Chauvin ist eine Kunstfigur. Aber Chauvins leben in allen Ländern, schier unausrottbar.

Kunstfigur? Nein, Chauvin hat es tatsächlich und aus Fleisch und Blut gegeben. Der Pariser Figaro meldet in seiner Nr. 41 von 1882, daß die Theaterbrüder ihren Rekruten nach einem abgedankten napoleonischen Veteranen namens Nicolas Chauvin aus Rochefort benannt haben. Seit seiner siebzehnten Verwundung hatte er eine Rente von jährlich 40 Pfund bekommen. Trotz dieser lächerlichen Summe betete er den Tyrannen an und ließ keine Gelegenheit aus, Frankreichs Nachbarn zu schmähen: ein Kneipenpatriot und Chauvinist reinsten Wassers.

Das etwas altmodisch-gestelzte Wort »bramarbasieren«, das gleichermaßen den Tatbestand der Ruhmredigkeit charakterisiert, kommt ebenfalls aus Frankreich: Bramarbas heißt der Prahler in der anonym erschienenen Satire »Kartell des Bramarbas an Don Quichotte« von 1710.

In Ostaustralien lebt ein Tier, das längst schon das Lieblingshaustier für Kinder in aller Welt geworden wäre, das längst Goldhamster und Meerschweinchen, weiße Mäuse und Kanarienvögel weit in den Schatten gestellt hätte, wenn, ja wenn es nicht fast unmöglich wäre, es außerhalb Australiens zu ernähren. Es handelt sich um den putzigen Koalabären, der zum Leben allein die Blätter von Eukalyptusbäumen braucht.

In Schwaben lebte eine Kunsthandwerkerin, die Stofftiere für Kinder herstellte. Elefanten, Katzen, Hunde, Affen aus Plüsch hatte sie schon gut verkaufen können. Ihr Neffe, der in Stuttgart Kunstgewerbe studierte, zeigte ihr eines Tages ein paar Blätter, auf denen er den Koala gezeichnet hatte, im Zoo. Fräulein Margarete Steiff gefiel das putzige Tier auf Anhieb. Sie begann zusammen mit ihrem Neffen Richard nach diesen Zeichnungen ein Plüschtier zu fertigen, dem australischen Vorbild ganz ähnlich: gedrungener, kuscheliger behaarter Körper, dazu ein dicker Kopf, große buschige Ohren und ein possierliches, etwas trauriges Gesicht mit glänzender Nase, die sie aus Siegellack fertigte.

1903, als der Bär fertig war, wollte sie ihn als Neuheit auf der Leipziger Messe vorstellen. Allein ihr fehlte noch der Name. Jede ihrer Kreationen nämlich war an zwei Dingen erkenntlich: am Warenzeichen (Metallknopf im Ohr) und an einem passenden Namen. (Den Zoologen war für das liebenswerte Tier nichts Besseres als der Name Kletterbeutler eingefallen!).

Als sie darüber nachdachte, wie sie das reizende neue Kuscheltier nennen sollte, fiel ihr eine Pressemeldung in die Hände. Der Präsident der Vereinigten Staaten, Theodore Roosevelt, hatte in Pennsylvania an einer Jagd teilgenommen. Als ihm ein junger Bär vor die Flinte lief, hatte er die Waffe gesenkt und sich geweigert, auf dieses schöne Tier zu schießen. Das war ganz nach dem Geschmack der Gretl Steiff.

Theodore? Nein, das ist kein Name für ein Spieltier. Aber wie wäre es mit der Verkleine-

rung, der Koseform »Teddy«? Sie soll flugs an den amerikanischen Präsidenten geschrieben und angefragt haben, ob sie ihr Tier Teddybär nennen dürfe. Teddy Roosevelt war einverstanden. Erhalten geblieben ist weder dieser Brief noch das Antwortschreiben, von dem die Legende zu wissen behauptet.

Ein Teddybär aus der Steiff-Serie von 1903 erzielte 1985 bei einer Auktion des Londoner Versteigerungshauses Christies den stolzen Preis von 48 000 Mark.

Auf der Leipziger Messe 1903 war der erste Teddybär der Welt zu sehen, prosaisch genannt »PB 55«. Zuerst in Amerika, später in Europa und dem Rest der Welt trat er seinen beispielslosen Siegeszug an. 1907 wurden 975 000 Teddys produziert und verkauft. Der hübsche Plüschgeselle avancierte, wir wissen es inzwischen, zum Lieblingsspielzeug ganzer Generationen. Er fand bei Menschen aller Hautfarben, bei jung und alt ungeteilten Beifall. Er verdrängte bei vielen Mädchen die Puppe vom Platz Nr. 1 auf der Stufenleiter ihrer Liebe. Und er sorgte für Emanzipation im Kinderzimmer: Jungen und Mädchen spielten fortan gleich gern mit ihm, dem vertrauten Gefährten, den man drücken und kuscheln und liebhaben kann und der nichts verrät, wenn man ihm Geheimnisse anvertraut.

Es soll Leute geben, die den Teddy ihrer Kindheit immer mal wieder aus der hintersten Schublade holen, ihm leise über die abgewetzten Ohren streichen, auch wenn sie selbst schon Großmutter sind. Oder Großvater.

KATHARINAS GÜNSTLINGE

Das Wort von den Potemkinschen Dörfern für eine schöne Attrappe, die einen Mißstand verdecken soll, ist noch immer im Schwange, obwohl man dem Fürsten Potemkin sicher viel nachweisen kann, nicht aber die Urheberschaft an dieser Idee. Verbreitet hat sie wohl August von Kotzebue, der 1801 in »Das merkwürdigste Jahr meines Lebens« schreibt, Potemkin habe, »um seiner Kaiserin einen möglichst guten Eindruck von den Zuständen auf der Krim zu vermitteln, in der größten Geschwindigkeit zu beiden Seiten der Straße Städte und Dörfer erbauen lassen: wohl zu verstehen nur die gemalten Fassaden der Häuser«. Nach Kotzebue geistert diese Geschichte durch viele historische Darstellungen. Mal sind es »Scheindörfer aus Pappe und Gips«, mal »Geisterstädte, bestehend aus nichts als Kulissen«. Wie hat es sich wirklich verhalten? Wer war dieser Potemkin?

Katharina die Große hat bekanntlich während ihrer Regierungszeit die Günstlingswirtschaft als Gegenstück zum Mätressenwesen der westeuropäischen Männerfürsten zu hoher »Blüte« gebracht. Die Einsetzung eines Günstlings war am Zarenhof zum Ritual gediehen: Vom Titel »Oberster Flügeladjutant« mit mehreren Wahluniformen über eine Berufungsgabe von vielen tausend Rubeln war alles exakt geregelt – bis zum Absetzungsgeschenk, das fällig wurde, sobald ein Nachfolger gewählt war. Es bestand meist aus einem Landgut. Der amtierende Günstling durfte den Palast niemals ohne die Einwilligung der Zarin verlassen, und zu Gesprächen mit weiblichen Personen, etwa bei Staatsempfängen oder auf Reisen, war er nicht befugt. Alle seine Ausgaben bestritt die Staatskasse. Seine Wohnräume lagen direkt unter denen der Herrin; eine Geheimtreppe verband beide.

Die Zarin war mit Peter III., einem glücklosen, einfältigen und dem Weine ergebenen Herrscher, verheiratet gewesen. Nach seiner Ermordung im Jahre 1762 wurde sie zur Kaiserin proklamiert. Noch im selben Jahr lernte sie den Fürsten Grigorij Alexandrowitsch Potemkin kennen, der als Gardefähnrich an der Palastrevolution teilgehabt hatte. Seine Beförderung ließ nicht lange auf sich warten. Er stieg in wenigen Jahren zum Oberbefehlshaber der zaristischen Armee und zum Generalgouverneur der südlichen Provinzen auf, avancierte zum Großadmiral des Schwarzen Meeres, schließlich, Höhepunkt seiner Karriere, 1774 zum Günstling der Zarin, ihrem fünften.

Die Reise, die den Hintergrund für die Dörfer-Legende abgibt, hat im Januar 1787 in St. Petersburg begonnen. Ziel war die Krim, die Potemkin für das Zarenreich vier Jahre zuvor erobert hatte. Diese »Lustfahrt« wird als Unternehmen von größtem Überfluß und abenteuerlichster Verschwendung beschrieben. Die Gesellschaft war zuerst mit Schlitten, nach der Schneeschmelze auf 80 Luxusgaleeren unterwegs, jede mit einem eigenen Orchester, insgesamt von 3 000 Matrosen betreut. Am Ufer hatte Potemkin Triumphbögen errichten lassen, und Massen von leibeigenen Bauern waren zum Jubeln beordert worden. Als die Gesellschaft an Land ging, begrüßt von übermütigen Kunststücken der Krimtataren, soll sich die ominöse Vorbeifahrt am künstlichen Blendwerk ereignet haben. Widersacher, von denen Potemkin mehr als genug hatte, allen voran der sächsische Diplomat Helbig, streuten schon bald die Gerüchte von den Haus-Staffagen aus. Katharina machte man den Vorwurf, »sie habe zwar alles gesehen, aber nichts bemerkt«, worauf sie ironisch-parodistisch schrieb: »Zunächst habe ich, die ich zu euch spreche, gesehen, wie das Taurusgebirge mit schwerem Gang auf uns zukam und mit schmachtender Miene vor uns eine Verbeugung machte.«

Potemkin war zu dieser Zeit als Liebhaber der Zarin bereits abgelöst. Sein innenpolitischer Einfluß aber war noch immer unermeß-

Auf einer unhaltbaren Fabel beruht auch der Begriff Vandalismus, der von H. Gregoire, Bischof von Blois, 1794 geprägt wurde und rohe Zerstörungswut bezeichnen sollte. Die behauptete Zerstörung Roms durch die Vandalen im Jahre 455 wurde längst widerlegt. Das selbstbewußte Volk der Vandalen hatte sich nach langen Irrfahrten in der Region von Karthago angesiedelt und durch die Vertreibung einiger römischer Grundbesitzer unbeliebt gemacht. Die römische Zivilverwaltung und das römische Recht ließen sie unangetastet.

lich groß, Zeitzeugen sprechen von Potemkins Allmacht. Dieser Mann vereinte in sich grenzenlosen Ehrgeiz mit scharfem Verstand und einer erstaunlichen Organisationsgabe. Der Teil der Geschichtsschreibung, der ihn als skrupellosen und schändlichen Emporkömmling darstellt, unterschlägt dabei sicher seine geistigen Potenzen. Immerhin waren Voltaire, Diderot, d'Alembert und Friedrich der Große unter seinen Briefpartnern.

Wie kommt es, daß sich Legenden wie die von den Potemkinschen Dörfern so beharrlich am Leben halten und jeder Widerlegung trotzen? Vielleicht weil man ihnen glauben möchte: Sie sind zu gut erfunden. Im speziellen Fall Potemkin erscheint die Geschichte besonders glaubhaft, weil sein Regietalent über die russischen Grenzen hinweg bekannt war. Er hat zum Beispiel bei der Heimkehr von der denkwürdigen Krimreise in Poltawa die Schlacht Peters des Großen gegen Karl XII. von Schweden minutiös in Szene gesetzt – zur Belustigung der Zuschauer, wohl weniger zum Vergnügen der Akteure.

Übrigens wäre dem Fürsten auch ohne die Krimreise Nachruhm sicher gewesen, durch einen Zufall. Der Film aller Filme, Sergej Eisensteins »Panzerkreuzer Potemkin«, hätte seinen Namen über die Jahrhunderte hinweg ins Gedächtnis der Menschheit eingegraben.

Aus dem Jahre 1530 stammt ein Gedicht, das den weitschweifigen Titel »Syphilides, sive morbi gallici libri tres« hat und von dem Veroneser Arzt Fracastoro geschrieben wurde. In ihm geht es um einen Schweinehirten namens Syphilus (Sys philos ist griechisch und bedeutet Saufreund), der mit Krankheit gestraft wird, weil er die Sonne lästerte. Die letzte Zeile lautet übersetzt: »Nach ihm benannten die Menschen nun auch die Seuche.«

Dies ist die erste Erwähnung der Syphilis überhaupt (früher hatte man Lues, auch Lustseuche, Franzosenkrankheit gesagt). Die früheste Beschreibung der Krankheit findet man beim Kanonikus Grunpeck von Burckhausen, dem Sekretär Maximilians I., dann auch in Brants Moralsatire vom Narrenschiff (1496).

Die »venerische Erkrankung« scheint besonders in Frankreich verheerende Ausmaße gehabt zu haben. Liselotte von der Pfalz erzählt: »Von neun Leuten waren sieben, so die Franzosen hatten.« Im Heer Karls VIII. (der selbst infiziert war und mit 28 Jahren als Kretin gestorben ist) hielt die Krankheit schreckliche Ernte. Aber auch in anderen Ländern Europas griff sie um sich wie ein Feuer im Sturm. Eine Liste der prominenten Lues-Patienten der Geschichte enthält Namen wie Papst Alexander VI., der auch seine Tochter

In Fuchs' legendärer Sittengeschichte findet sich als Hinweis ein besonders interessantes Dokument für die außerordentliche Verbreitung der Syphilis in den höheren Gesellschaftsschichten: Anfang 1890 gab es in Stockholm einen »Club junger Gardeoffiziere«, in welchen keiner aufgenommen wurde, der nicht Syphilis gehabt hatte. (Geschlecht und Gesellschaft, 3. Band)

Lucrezia Borgia ansteckte, Heinrich Heine, Beethoven, Franz I. von Frankreich, Christian VII. von Dänemark, Peter der Große, Ludwig II. von Bayern, E. T. A. Hoffmann, Zola, Flaubert, Baudelaire, Maupassant, Erasmus von Rotterdam (er lebte im 16. Jahrhundert, seine Diagnose stammt von 1929).

Die heute wichtigste Diagnosemethode für diese Krankheit ist die Wassermannsche Reaktion (von Insidern kurz »Der Wassermann« genannt). Sie wurde von dem Berliner Bakteriologen August Paul von Wassermann 1908 ersonnen, der damit nicht nur ins Ehrenbuch der Medizin geriet, sondern mit einem Schlag Welt-ruhm erlangte, selbst bei Laien.

Der Erreger der Syphilis, Spirochaeta pallida, wurde 1905 von dem Nichtmediziner Fritz Schaudinn zum ersten Mal erkannt und beschrieben. Sein Lohn war das Verbot, sich fernerhin an solchen Forschungen zu versuchen. Die verstimmten »Insider«, denen ein Laie eine für die Menschheit so bedeutende Entdeckung vorgemacht hatte, bewirkten, daß Schaudinn den Rest seines Lebens mit Verwaltungsaufgaben zubrachte.

Erst mit der Erfindung des Penizillins durch den Amerikaner Fleming (1928) hatten die Völker eine Chance, die furchtbare Seuche in den Griff zu bekommen.

EIN KÄSEDENKMAL

Seltsame Denkmäler gibt's auf dieser Welt. In Alabama steht ein riesiger Steinkäfer, von den Farmern aus Dankbarkeit für dessen Ungezieferappetit gestiftet; in Salzburg eine Bronzebüste Mozarts, randvoll mit Zigarren gefüllt (der Schweizer Bildhauer, der sie verfertigte, wollte das Rauchwerk zollfrei nach Österreich bringen). Und in dem französischen Dorf Camembert nun gar ein Denkmal für einen Käse. Genauer, für die Erfinderin eines Käses. Das Standbild, das den Marktplatz ziert, stellt nämlich Madame Harel dar, die nachgewiesenermaßen im Jahre 1791 diesen bekanntesten aller französischen Käse erfand und nach dem

Frankreich, dieses Land der Gourmets und Gourmands, ist nicht nur die Heimat der besten Käse, sondern auch die Quelle der besten Getränke. Fast alle tragen sie den Namen des Ortes oder der Region, wo sie das Licht der Welt erblicken, ob Beaujolais, Burgunder, Champagner, Bordeaux oder gar Cognac. Der Stolz auf diesen zuletzt genannten edlen Tropfen hat sogar dazu geführt, daß er Einzug fand in die Welt der Diplomatie: In § 275 des Versailler Vertrages wurde der Name nämlich für deutschen Cognac (Verzeihung, für deutschen Weinbrand) ausdrücklich verboten.

Entstehungsort benannte. Ein weiterer beliebter Käse trägt ebenfalls den Namen seines Schöpfers. Der Gutsbesitzer Charles Gervais machte auf seinem Landgut Farriéres bei Gournay in der Normandie um 1850 den ersten Rahmfrischkäse der Welt! Ganz ähnlich ging es mit dem Roquefort aus Roquefort-sur-Soulzon in den Pyrenäen. Sein Erfinder ist uns allerdings nicht bekannt, denn diese köstliche Pinselschimmelkreation, die in den Felsgrotten am Rande des genannten Ortes reift, ist über 2000 Jahre alt.

General de Gaulle soll einmal seufzend gefragt haben: »Wie wollen wir ein Land regieren, in dem es 300 Käsesorten gibt?«

Nach so viel guten Sachen, Camembert, Champagner, Cognac, mag es wieder etwas spartanischer zugehen in unserem Text. Spartanisch, wieso eigentlich? Nun, weil die Einwohner Spartas, der Hauptstadt der Provinz Lakonien, sozusagen die Musterknaben der Antike waren, abgehärtet, mutig, gewandt, kräftig, gehorsam und genügsam. Nach den eben aufgezählten Idealen wurden die Kinder erzogen, die Jungen vom siebenten Lebensjahr an außerhalb der Familie. In Rotten genossen sie eine Art vormilitärische Ausbildung, die dann im Erwachsenenalter zum täglichen Waffendienst erweitert wurde. Jeder männliche Einwohner Spartas war vom zwanzigsten bis zum sechzigsten Lebensjahr »heerpflichtig«. Auch ihre sonstige Lebensweise (viel blieb vom Tag nicht mehr übrig bei dem stundenlangen Exerzieren) mutet wahrscheinlich spartanisch an: Sie bezahlten als einziges Volk der antiken Welt bis zum Jahre 300 v. Chr. mit Eisengeld (vielleicht hoffte man, die rostigen Taschen könnten die Habsucht bremsen), kein Spartaner durfte ohne behördliche Genehmigung des Staatsgebiet verlassen und – das Essen ... Völlerei galt natürlich als höchst verwerflich. Man trank Wasser statt Wein, man speiste nicht, sondern sättigte sich. Das Nationalgericht war schwar-

Das Urteil »Lakonisch!« (nach der erwähnten Provinz) bezieht sich mehr aufs Geistige als auf Körper und Seele. Es ist gewissermaßen spartanisch im übertragenen Sinne: Eine lakonische Antwort zeugt allerdings nicht immer von spartanischer Gesinnung.

Übrigens: Die Einwohner von Sybaris, die Sybariten, waren in der Antike ebenso sprichwörtlich bekannt wie die Spartaner: aber als Schlemmer.

ze Suppe, vermutlich eine Art Blutsuppe. Es ist sogar ein antiker Witz über die Spartaner überliefert. Ein Bürger von Sybaris sagte, nachdem er die schwarze Suppe probiert habe, begriffe er, warum es den Spartanern nichts ausmache, als Helden zu sterben.

BEQUEME WOHNUNGEN

Es ist nicht paradox, jedesmal, wenn man ein Mansardenzimmer betritt, an Versailles zu denken. Warum? Weil der Mann, der das Schloß Grande Trianon in Versailles erbaut hat, derselbe ist, der der Mansarde seinen Namen gab: Jules Hardouin-Mansart (1646–1708). Er war erster Architekt des Sonnenkönigs, entwarf neben dem erwähnten Schloß die Pläne für den Invalidendom und für mehrere großzügige Plätze in Paris, baute auch Schlösser und Landsitze in der französischen Provinz. Die erste Mansardenkonstruktion soll er am Schloß zu Clagny (erbaut 1674-1680, inzwischen abgebrochen) ausgeführt haben.

In Zedlers Universallexikon von 1750 kann man folgende Definition dieses architektonischen Details nachlesen: »Mansardisch Dach oder Toits à la Mansarde, an seiner schiefliegenden Fläche gebrochenes Dach, hat den Vorteil, daß sich darunter noch bequeme Wohnungen anbringen lassen und die Dachfenster keinen so großen Übelstand, wie sonst gewöhnlich, innerhalb dem Dache machen können.«

Bauhistoriker zweifeln an der Urheberschaft Hardouin-Mansarts für diese Dachart. Sie führen ins Feld, schon 100 Jahre früher habe der französische Baumeister Lescot die Idee dafür gehabt. Die Sache heißt aber nun mal Mansarde.

Gut so. Denn wer wollte schon in eine Lescottenwohnung ziehen?

HALTBARE MILCH, ENTSCHÄRFTE SEUCHEN

Auf einer Sitzung der Academie Francaise hatte sich ein schrecklicher Eklat ereignet. Während des Vortrages, den ein angesehener Arzt über das Kindbettfieber hielt, war ein kleiner, bescheiden aussehender Mann von seinem Platz aufgesprungen und hatte laut dazwischen gerufen: »Aber Semmelweis hat doch schon erwiesen, daß es Mikroben sind, die der Arzt von der kranken auf die gesunde Frau überträgt.«

Allgemeines Zischen, aus den vordersten Reihen kam ein Gegenruf: »Das sind groteske Theorien eines bakterientollen Chemikers!« Und gar in der darauffolgenden Sitzungspause glaubte einer der Fachleute besonders witzig zu sein, indem er den Satz unter die Kollegen brachte: »Der Mikrob ist klein, und Pasteur ist sein Prophet«.

Louis Pasteur, der Außenseiter, war den Schulmedizinern zeit seines Lebens ein Dorn im Auge. Dabei hat er wie kaum ein anderer medizinische Einsichten späterer Zeit vorweggenommen und den Weg bereitet für einen ganzen wichtigen Wissenschaftszweig. Schlagworte wie AIDS-Therapie, Immuntechnologie oder Transplantation erhellen wie Schlaglichter die Bedeutung seiner Arbeit. Freilich war Pasteur nicht der erste, der Mikrolebewesen entdeckte; das war schon lange vor ihm geschehen. Er aber war der erste, der Fäulnis und Gärung auf Mikroben zurückführte und dabei herausfand, daß diese Kleinstlebewesen nicht hitzebeständig sind, daß mithin Erhitzen keimfrei macht. »Pasteurisierte Milch« – wer kennt sie nicht. Doch die Wohltaten, die Pasteur der Menschheit hinterließ, sind mit dem Pasteurisieren beileibe nicht erschöpft. So kam er durch einen Zufall auf die wirksame Methode, die Hühnerpest zu bekämpfen. Eine Bakterienkultur war ihm versehentlich zu lange stehengeblieben und verrottet. Ein damit dennoch geimpftes Huhn erwies sich als immun gegen weitere Ansteckung. Er schloß aus dieser Erfahrung (Impfung mit geschwächten Stämmen), daß auch gegen die Schafspest auf diese Weise zu Felde gezogen werden könne. Ein Tierarzt aus Melun, ein Monsieur Rossignol, hatte von Pasteurs Theorien Wind bekommen und wollte den verhaßten »Rivalen von der anderen Fakultät« ordentlich blamieren: Er forderte ihn auf, ein öffentliches Experiment durchzuführen. 25 Schafe sollten geimpft werden, 25 sollten ungeimpft bleiben. Alle 50 solle man dann mit der Schafspest infizieren. Pasteur, im vollen Vertrauen auf seine Kenntnisse, willigte ein.

Pasteur wird zu Recht als Pionier der Lebensmittelkonservierung angesehen. Der Gelsenkirchener Chemiker Dr. Rempel ließ sich einen Apparat patentieren, der unter Hitze luftdichten Verschluß ermöglichte. Nach seinem Tode kaufte der Unternehmer Josef Weck 1883 die Patente und ließ sich sogleich auch die Begriffe Weckapparat, Weckglas und Einwecken urheberrechtlich schützen. Und wenn Großmutter ein Glas Aprikosen öffnete, pflegte sie zu sagen: »Wir werden die Marillen aufwecken!«

Ärzte, Politiker, Journalisten, Biochemiker kamen in Scharen nach Pouilly-le-Fort, wo die Vorführung des »Verrückten« stattfinden sollte. Aber wie groß war der Erfolg, als von der Gruppe der nicht immunisierten Tiere bald schon 22 tot dalagen, zwei langsam verendeten und eines zu röcheln begann, während die anderen 25 gesund und munter in den Himmel blökten. Beifall klang auf. Einer der erbitterten Gegner Pasteurs, Dr. Diot, trat auf ihn zu, streifte den Ärmel hoch und sagte: »Impfen Sie mich, Pasteur, die ganze Welt soll von Ihrer wunderbaren Entdeckung erfahren!«

Ermutigt durch diesen großen Erfolg, begann Pasteur in der folgenden Zeit, über Menschenkrankheiten nachzudenken. Die Tollwut beschäftigte ihn besonders eindringlich, weil bei dieser Krankheit relativ lange Zeit zwischen der Ansteckung (dem Biß) und dem Erscheinen der ersten Symptome vergeht. Diese Zeit galt es, für die Immunisierung zu nutzen. Den geeigneten Impfstoff fand er nach langen Versuchsreihen im getrockneten Knochenmark eines infizierten Kaninchens.

Eines Tages, im Sommer 1875 – Pasteur ist noch mittendrin in seinen Vorstudien – kommt eine aufgeregte Frau aus dem Elsaß zu ihm. Ihr neunjähriger Junge ist mehrfach von einem wütenden Hund gebissen worden. Was tun? Pasteur weiß, wenn etwas schiefläuft, wenn seine Substanz auch nur unwirksam ist, wird man ihm den Tod des Kindes voll anlasten. Aber sein Entschluß ist schnell gefaßt: Die Chance, auch wenn sie nicht groß ist, muß genutzt werden. Er impft das Kind. Jeden Tag verabreicht er ihm eine Spritze, jedesmal mit einer etwas kräftigeren Gabe. Pasteur findet keinen Schlaf. Er weiß: Alles hängt für ihn ab vom Erfolg dieser Behandlung. Am elften Tag sind die Würfel gefallen. Der Junge ist gesund! Sein Name, Josef Meister, wird zusammen mit dem Pasteurs in die Geschichte der Immunologie eingehen.

Aber Pasteur kann die Früchte seiner Arbeit nicht mehr recht genießen. Überarbeitung, Anfeindungen, Neid und Mißgunst haben ihn zum menschlichen Wrack gemacht. Er erleidet zwei Schlaganfälle. Zu seinem 70. Geburtstag wird der große Entdecker mit Pomp gefeiert, der französische Staat hat ihm schon seit längerem eine lebenslange hohe Staatspension ausgesetzt, viele Forschungsinstitute in ganz Europa, ja in anderen Erdteilen, tragen seinen Namen. Aber Dank für all die Huldigungen, die nun über den alten Mann hereinbrechen, kommt nicht mehr über seine Lippen. Während sein Sohn von einem Manuskriptblatt vorliest, was Pasteur der Welt noch zu sagen hat, sitzt dieser zusammengesunken daneben und weint.

Als Pasteur einmal in Dijon zum Essen eingeladen war, ließ er sein Glas mit Wasser füllen und wusch jede Kirsche ab, bevor er sie genoß. Dabei dozierte er: »Wie schnell entwickeln sich aus einem Bakterium Zehntausende.« Nach dem Essen erhob man die Gläser. Der Professor sagte: »Wasser ist viel bekömmlicher als Wein« und trank sein Glas aus.

AUS DER WELT DER BALLERMÄNNER

Am 19. Juli 1814 wird in Hartford, der Hauptstadt des US-Staates Connecticut, ein Junge geboren, den man auf den Namen Samuel Colt tauft. Sam zeigt sich als sehr aufgeweckt. Er mischt sich Schießpulver zurecht und sprengt damit die Fenster seines Klassenzimmers heraus. Die Eltern haben kein Verständnis für derlei Späße. Sie nehmen ihn von der Schule und stecken ihn aufs Schiff, damit er Disziplin lerne. Als er zum ersten Mal auf Urlaub kommt, weist er dem Vater das selbstgeschnittene Modell einer neuartigen Pistole vor. Mit 22 Jahren erhält er sein erstes Patent: für einen Revolver.

Samuel versucht nun Geld zu machen. Unter anderem tritt er auf Jahrmärkten mit Lachgas-Experimenten auf, als »Dr. Coult aus New York«. In Paterson, New Jersey, baut er schließlich mit wenig eigenen und viel geliehenen Dollars eine kleine Waffenfabrik auf, in der Hoffnung, sein Erzeugnis an die Armee der Vereinigten Staaten liefern zu können. Diese aber weist die Waffe als zu kompliziert und zu teuer zurück: Ein Stück sollte 28 Dollar kosten (heute bezahlt man für einen gut erhaltenen Ur-Colt weit mehr als das Tausendfache). Dabei war der Coltsche Revolver eine beachtliche Weiterentwicklung. Bei seinen

Vorgängern mußte die Ladung mit der Hand hinter den Lauf gebracht werden, beim Colt drehte sich die Trommel mit dem Spannen des Hahnes selbsttätig weiter. Der Durchbruch für Samuel vollzieht sich durch puren Zufall. Die Texaner haben eine Anzahl Revolver bei Colt-Peterson gekauft und setzen sie 1839 bei einem Gefecht gegen Indianer ein. Sie ballern wie wild mit ihren neuen Colts. Kaum ein Indianer wird zwar getroffen, aber die Krieger haben noch nie in ihrem Leben Schüsse in so rascher Folge gehört: Sie verlassen fluchtartig das Gelände und lassen sich nicht wieder blicken. Diese Begebenheit verhilft dem Colt zu seinem Image als Wunderwaffe. Spätere Revolvergenerationen aus Colts Fabrik erobern sich bald den Markt, allen voran der »Colt schlechthin« mit dem amtlichen Namen »Colt-Single-Action-Army«, den man hinreichend aus Westernstreifen kennt, das Lieblingsspielzeug der Revolverhelden. Sein Spitzname läßt ein wenig hinter die Seele dieses Landes blicken, in dem heute über 150 Millionen private Handfeuerwaffen in Umlauf sind: Peacemaker, Friedensstifter ...

Samuel Colt ist als begüterter Mann gestorben. Sein Traum, den Colt als US-Armeepistole zu sehen, ging erst ein halbes Jahrhundert später in Erfüllung, nachdem sein

In Zeiten der Gewalt und Gewaltverherrlichung kommt der verniedlichende Ausdruck »Molotow-Cocktail« wieder zu zweifelhaften Ehren. Die Flasche mit dem brennbaren Inhalt und dem Feuerzünder soll der nachmalige sowjetische Außenminister V. M. Molotow (eigentlich Skrjabin) erfunden haben, als er noch Anarchist war.

Konstrukteur John Browning die siebenschüssige großkalibrige »Kanone« Colt-Government entworfen hatte. Sie hieß aber im Volksmund ganz richtig nicht mehr Colt, sondern Browning.

Colt und Browning sind keine Einzelfälle. Viele Waffen tragen den Namen ihres Erfinders. So etwa die Mausergewehre, die seit 1872 der preußischen Armee zu einigen Erfolgen verholfen haben. Die Brüder Peter-Paul und Wilhelm Mauser erfanden das erste Bolzengewehr und gründeten in Oberndorf die MAUSER-Gewehrfabrik. So auch die Beretta. Ihr Erfinder ist der Italiener Beretti. Als »Spaghetti-Colt« ist diese kleinste Faustfeuerwaffe der Welt in die Krimi-Geschichte eingegangen.

Die »Dicke Berta«, ein großkalibriges Geschütz des Ersten Weltkrieges, trägt ihren Namen zu »Ehren« der Bertha von Bohlen und Halbach (1886–1957), der Gemahlin eines der berüchtigten Essener Rüstungsmagnaten, die 1902 das horrende Kruppvermögen erbte. Die Winchester-Rifle wurde vom Wäschefabrikanten Oliver Fisher Winchester (1810–1880) erfunden, nachdem er 1857 als Geldanlage eine Waffenfabrik gekauft hatte und Lust bekam, sich nicht länger nur über Dessous, sondern auch über Feuerwaffen Gedanken zu machen. Sein Repetiergewehr war ein bei

Grenzsoldaten wie bei Indianern sehr beliebtes Schießeisen. Der legendäre Henrystutzen des seligen Karl May-Old Shatterhand ist ein Winchestergewehr, für das der Konstrukteur Benjamin Tyler Henry 1860 das Patent bekam. Viel Waffenkenntnis kann der sächsische Revolverheld allerdings nicht besessen haben: Ein Gewehr, das 111 cm lang ist, läßt sich schwerlich als Stutzen bezeichnen.

Das Bowiemesser, das uns in manchem waschechten Western begegnet, hat seinen Namen von Oberst Jim Bowie (1796–1836), der den Jagddolch zum ersten Mal bei einem Duell benutzte, ob zu seinem eigenen blutigen Erfolg, ist nicht bekannt.

Die »Kalaschnikow«, eine der berühmt-berüchtigtsten Automatikwaffen der Welt, amtlich AK 74 genannt, wurde schon 1949 von dem Ingenieur Michail Kalaschnikow entwickelt . Bis 1992 wurden in Ischewsk 50 Millionen davon produziert und Lizenzen in 56 Länder vergeben. Hätte Towarischtsch K. pro Stück 1 Kopeke bekommen, wäre er heute mehrfacher Millionär.

Die Pershing-Raketen haben ihren Namen von John Joseph Pershing, der sich schon in einem Feldzug gegen die Apachen 1886 die ersten unrühmlichen Sporen verdient hatte: Beim berüchtigten Woundet Knee war er dabei. Im Krieg 1917 gegen Mexiko bekam er den Spitznamen Black Jack. Und im Ersten Weltkrieg war Pershing der Befehlshaber der amerikanischen Truppen, die Deutschland bekämpften und 1918 gegen jede Form von Waffenstillstand eintraten.

Ebenfalls aus dem Ersten Weltkrieg ist das Schrapnell in schrecklicher Erinnerung, ein Artilleriegeschoß mit Kugelfüllung, das kurz vor dem Ziel zersprang und massenhaft Kugeln auswarf, eine Waffe mit fürchterlicher Wirkung für die Kriegsstatistik, mörderisch für die Menschen, die mit ihr in Berührung kamen. Der englische Artillerieoffizier H. Shrapnel (1761–1842) hat dieses Teufelszeug 1804 erfunden. Ein Flammenwerfer wirft Flammen, ein Nebelwerfer Nebel? Irrtum. Der Nebelwerfer ist eine Lafette für den Abschuß von Raketen (eine Art Vorläufer der Stalinorgel) und wurde nach seinem Erfinder Rudolf Nebel (1894–1978) benannt.

WAS HAT EIN BADEANZUG MIT MORAL ZU TUN?

War es ein cleverer US-amerikanischer Geschäftsmann, der auf die Idee gekommen ist, oder war es sogar das Public-Relations-Office des Pentagon?

Das Bikini-Atoll ist die nördlichste der Raliki-Inseln in der Gruppe der Marshall-Inseln im Pazifik. Das Gebiet war von 1885 bis 1919 deutsche Kolonie, wurde dann unter japanisches Mandat gestellt und schließlich 1944 von den USA besetzt. 1946 evakuierte Washington die Einwohner und begann mit Atomversuchen (bis 1958). Die Bilder von den schrecklich-schönen Rauchpilzen über den Kerndetonationen gingen damals durch die Medien der Welt. Sie regten die Phantasie der Zeitgenossen in verschiedenster Weise an: Erinnerten an die militärisch unsinnigen Atombombenabwürfe auf Hiroshima und Nagasaki, an den Hiroshima-Piloten Claude Eatherly, dessen Leben in Umnachtung sein Ende fand. Sie mahnten wohl auch zur Besinnung auf Menschheitswerte und riefen Gedanken wach von bevorstehendem Inferno, Weltuntergang, Erdensterben. War es (aus der Sicht der Atommacht) da nicht an der Zeit, solche Grillen zu vertreiben und mit der Benennung eines sehr knappen zweiteiligen Badeanzugs nach dem Namen des schrecklichen Tatorts eher harmlose Gedanken zu

Militärs haben ohnehin eine peinliche Neigung zu verharmlosend-beschönigenden Bezeichnungen. Einen der gefährlichsten Kampfbomber der USA nannte man »Lucky Lady«, »Glückliche Dame«.

wecken? Zum Beispiel die Vorstellung einer *Sexbombe* im Bikini? Auch dieses schauerliche Wortgebilde, das das Monster Bombe mit einem Triebziel kopulierte und in den fünfziger Jahren von Mund zu Mund ging, könnte übrigens von demselben Spezialisten für psychologische Kriegführung erfunden worden sein ...

SICH GUT BETRAGEN...

Als Marianne den Fisch mit dem Messer zerlegte, schaute ihr der Vetter bedenklich auf den Teller: »Der alte Knigge würde sich im Grabe herumdrehen.« Und wenn Heike nicht recht weiß, welcher Wein in welche Art von Glas gehört, kann sie sich den Spruch einfangen: »Du hast wohl deinen Knigge nicht gelesen?« Alle möglichen Benimmbücher berufen sich auf Adolph Freiherrn von Knigge, sozusagen den Vater des guten Tons in allen Lebenslagen.

Was war das für ein Mensch? Wie kam er zu seinem Ruf? Der Freiherr war ein wohlhabender Mann. Mit 22 Jahren wurde er schon Direktor einer Tabakwarenfabrik in Hessen, ein Jahr später zog er sich auf eines der Güter seiner Frau zurück und begann zu schreiben. Essays, Theaterstücke, Kritiken, eine Autobiografie, auch einige Romane. 1791 verfaßte er »Benjamin Noltmanns Geschichte der Aufklärung«, wo er unverhohlen die Ideale der Französischen Revolution verherrlichte und die Abschaffung der Monarchie forderte. Dies trug ihm prompt eine herbe Rüge des Königs (Georgs III. von Großbritannien und Hannover) und Schreibverbot ein. Aber wirklich berühmt gemacht hat ihn sein Werk »Über den Umgang mit Menschen«, das er mit 36 Jahren niederschrieb. Da geht es unter anderem um die richtige Beziehung zu sich selbst, zu Freunden, unter Verliebten, zwischen Wirt und Gast, Nachbarn und Hauswirten. Mit großem Interesse liest man im Kapitel »Über den Umgang mit Geringeren«, daß man gegen Leute, die sozial unter einem stehen, nicht nur freundlich sein solle, wenn man ihrer bedarf; daß man wenig Bildung verrät, falls man zu einem Unterlegenen nur dann vertraulich wird, wenn man unter vier Augen mit ihm ist, aber in Gegenwart anderer ihn herablassend behandelt. Auch erfährt man in diesem Kapitel, der Mann von Welt solle dem helfen, der seine Hilfe braucht, ohne Rangunterschied. Ein paar Seiten weiter schreibt der Freiherr: »Übrigens gestehe ich, es bleibt aber unter uns – daß der Ton, welcher jetzt unter unseren ganz jungen Leuten ... eingeschlichen ist, mir gar nicht so gefallen will. Viele von ihnen kommen mir äußerst ungeschliffen und plump vor. Es scheint mir, als suchten sie etwas darin, Bescheidenheit, Höflichkeit und Delikatesse zu beleidigen, stumm, ungefällig gegen Damen und Fremde zu sein, selbst ihren Körper zu vernachlässigen.« Geschrieben von einem Angehörigen des Adels ein Jahr vor der Französischen Revolution.

Übrigens haben alle im ersten Abschnitt dieser Darlegungen zitierten Auffassungen gründlich unrecht. Über den Umgang mit

Messer und Gabel hat Knigge nie nachgedacht, sein Buch handelt auch nicht von Tischsitten und Tafelbräuchen. Aber wenn der Umgang mit Menschen Probleme aufwirft, da kann man vom Freihern von Knigge auch heute noch allerhand profitieren.

EIN KUNSTSPONSOR IM ALTEN ROM

Über zweitausend Jahre ist es her, daß der Mann geboren wurde, nach dem wir Kunstfreunde und Gönner als Mäzene und die Kunstförderung mit Mäzenatentum benennen. Das angloamerikanische »Sponsoring« meint nichts anderes. Als er 26 Jahre alt ist, wird Julius Caesar ermordet. Der Mann, von dem die Rede ist, freundet sich mit Kaiser Oktavian an, der unter dem Ehrennamen Augustus bekannter ist, er wird während der augusteischen Zeit Stadtpräfekt von Rom, ein etwas eitler, aber wenig ehrgeiziger Beamter. So lehnt er ein Angebot, Senator zu werden, rundweg ab. Er gehört zu den reichsten Männern Roms, hatte schon während seiner Präfektschaft ein großes Grundstück vor den Toren der »Ewigen Stadt« erworben. Dort läßt er sich einen geräumigen schönen Park anlegen, einen Palast mit einem hohen Turm bauen, von dem er einen Rundblick über das Tibertal hatte, ihm zu Füßen die ewige Stadt. Oktavian besucht ihn mehrfach in seiner Luxusvilla, auch der spätere Kaiser Tiberius sucht hier Ruhe in kultivierter Atmosphäre, als er von seiner freiwilligen Verbannung aus Rhodos zurückkommt. Der Mann, von dem die Rede ist, trägt den Namen Maecenas – die uns geläufige Bedeutung bekommt sein Name allerdings erst, als er sich entschließt, seine Vorliebe für Li-

teratur, Theater und Tanz umzumünzen in handfeste Unterstützung der begabtesten Künstler. Sein Haus ist geistiger Mittelpunkt jener Welt, die jungen Dichter Properz und Rufus gehen ein und aus, auf seiner Reise nach Brundisium begleiten ihn Vergil und Horaz. Dem Horaz, der ihn wie einen Vater verehrt, schenkt Maecenas ein Landgut in den Sabinerbergen, worauf ihm dieser folgendes Dankgedicht widmet:
»Das war immer mein Wunsch: ein Gütchen, nicht zu geräumig, wo ein Garten und nahe dem Haus ein lebend'ger Quell sei; auch darüber ein wenig von Waldungen. Mehr noch und Bess'res haben die Götter selten verlieh'n.«

Wohltäter der Künste, Gönner der Künstler. Was mag das für ein Mensch gewesen sein? Die wenigen Angaben über seine Person, die uns überliefert sind, zeichnen dennoch ein scharfes Bild von diesem bemerkenswerten Mann. Es wird zum Beispiel seine Toleranz gerühmt. Er schreibt selbst Gedichte, erwartet aber nicht, »daß allen Bäumen dieselbe Rinde wachse«. Seine Dichtkunst ist wohl etwas schnörkelhaft, eines seiner Gedichte wird vom Kaiser »parfümiert« genannt, aber er ermuntert und ermutigt die Talente, die ihn umgeben, fordert sie auch auf, sich mehr den Gegenwartsthemen zu widmen.

Maecenas ist ein Genießer. Zuerst ein Feinschmecker: Er feiert den Maultierbraten als besondere Delikatesse, er läßt das Dessert vorm Hauptgericht servieren. Der Wein von seinen Weinbergen trägt noch zu Plinius' Zeiten (weit nach der Zeitenwende) seinen Namen. Genießer auch auf andere Art. Er hat sich der Liebeskunst nie entzogen, hat mit schönen Frauen (und gutgewachsenen Knaben) viele angenehme Stunden verbracht. Mit fünfzig lernt er die reizvolle, viel zu junge Terentia kennen, die in den Gedichten des Horaz als Licymnia gefeiert wird, und heiratet sie. Aber bald schon wird sein kaiserlicher Freund mit dem Mädchen nicht nur bekannt, sondern intim. Sie begibt sich gar mit Augustus auf eine Reise – für ein Jahr. Maecenas muß sich von der geliebten Frau scheiden lassen. Er kann aber nicht leben ohne sie. Bietet ihr Geld an, macht ihr kostbare Geschenke. Sie wird abermals seine Frau, bleibt aber spröde gegen den so viel Älteren, gibt ihm Anlaß zu Mißtrauen. Erneut trennt sich Maecenas von ihr. Zum Gespött der Stadt, wie man sich denken kann.

Maecenas kann eine Tat für sich buchen, die ihn nicht, wie seine Kunstliebe, unsterblich gemacht hat, obwohl sie vielleicht gewichtiger war, stetiger nachwirkte. Er hatte nämlich die Idee, die römische Kurzschrift weiterzuentwickeln, gab seinem intelligenten Sklaven Aquila den Auftrag, seine Erfindungen zur Tachygrafie (wie man das damals nannte) auszuarbeiten und der Öffentlichkeit zugänglich zu machen. Also auch ein Mäzen der Nachrichtentechnik.

Maecenas, der sich in der Schlacht bei Actium eine schwere Krankheit zugezogen hatte, wurde bald danach von Todesahnung befallen. In einem Gedicht bittet er die Götter, ihn mit einem Buckel auszustatten, ihm die Zähne auszuhöhlen, aber ihn um Himmels willen leben zu lassen. Aber die Affären mit Terentia haben seine Nerven geschwächt. Den Frühling des Jahres 8 n. Chr. erlebt er voller Depressionen, es ist der letzte Frühling seines Lebens.

Hier verdient auch König Kroisos genannt zu werden, die Redewendung »Ich bin doch kein Krösus« geht auf die latinisierte Form seines Namens zurück. Er war der letzte König der Lyder, lebte im 6. Jahrhundert v. Chr. und galt als sagenhaft reich. Er hielt sich für den Glücklichsten unter der Sonne, aber Solon warnte ihn, niemand dürfe sich vor seiner Todesstunde glücklich schätzen. Kroisos ist es auch, der vom Delphi-Orakel auf die Anfrage, ob ein Krieg gegen Kyros erfolgreich sein werde, die sibyllinische Antwort bekam: »Wenn du diesen Krieg führst, wirst du ein großes Reich zerstören.« Er führte ihn, und das Reich, das er zerstörte, war sein eigenes ...

...UND KEINER REDET VOM BOTTICELLI-BUSEN

Sitzen Freunde zusammen, Verwandte, Bekannte. Das Gespräch kommt auf Diät, Kalorien, Figur. Da dauert's in der Regel nicht lange, und ein Dialogpartner wirft das Wort »Rubensfigur« in die Debatte. Ist es Zufall, daß Rubens so zum Synonym für Üppigkeit und Korpulenz geworden ist? Der große Flame, nebenbei bemerkt mit über zweitausend Bildern einer der fruchtbarsten unter den Meistern, war ein enthusiastischer Verehrer von Kraft und strotzender Fülle. Nachdem seine erste, fast schlank zu nennende Frau gestorben war, lernte er die vollbusige Helene Fourment kennen. Mit 53 Jahren heiratete er die Sechzehnjährige und bekannte in Gesprächen und Briefen, mehr noch aber in seinen Bildern, wie sehr ihre Körperformen ihn verjüngten und seine Phantasie beflügelten. Helene hat ihm für unzählige Bilder Modell gestanden, unter anderem für die Dresdener »Bathseba am Brunnen«, über die Cocteau sagte: »Das Gewand ist der Leib ... Es geht nur noch um Augen, Nüstern, schwellende Lippen, Ohren, Locken, um die wundervollen Halbkugeln der Brüste. Es ist der Triumph des Fleisches. Unter der Oberfläche pulsiert das Blut. Man wird nicht mehr durch ein modernes oder altertümliches Kostüm abgelenkt.« Als sie 25 Jahre alt ist und ihr Körper erste Anzeichen des Verblühens zeigt, nimmt sich der Meister mit seinem Pinsel zärtlich jedes einzelnen Fettpolsters an, zeichnet er liebevoll jede Körperfalte und jede Wölbung nach: Das »Pelzchen« entsteht. In Bildern wie der »Amazonenschlacht« vervielfacht er lustvoll die Pracht des strotzenden nackten Körpers. Die Fülle des Fleisches sprengt fast den Rahmen dieser prächtigen Gemälde.

Tizian (Tiziano Vecelli), der Maler der Hochrenaissance, hat es eigentlich nicht verdient, nur in den »tizianroten« Haaren der Frauen sprachlich fortzuleben, nur weil er auf einigen seiner Bilder diese goldrote Farbe bevorzugt verwendet hat.

Die Vorliebe des Peter Paul Rubens für »die Drallen« findet ihren Gegenpol bei einem anderen Meister der bildenden Kunst. Sandro Botticelli liebte über die Maßen eine blasse, zarte, schmale Frau, Diese, seine vergötterte Simonetta, stirbt mit 23 Jahren an der Lungenschwindsucht. Auf dem Bild »Die Geburt der Venus« hat er sein Mädchen mit ebensolcher Sorgfalt verewigt wie der Flame: aber als Angekränkelte, Bleiche.

Rubens war nicht allein mit seiner Neigung zur Körperfülle. Eine ganze Epoche, deren Zentralgestirn man den Antwerpener nennen könnte, das Barockzeitalter, teilte seine Passion. Und »barocke Figur« ist ein weiteres schmückendes Beiwort für etwas, das die prosaischen Mediziner heute so abgeschmackt mit »überernährt« bezeichnen.

EIN SCHNITT IN DREI BILDERN

Erstes Bild: Man schreibt das Jahr 1815. Bei Waterloo tobt die Kriegsfurie, eine furchtbare Entscheidungsschlacht bahnt sich an, und noch keiner weiß, daß dies der letzte Feldzug der Freiheitskriege ist und daß er den endgültigen Sturz Napoleons bringen wird. Ein Offizier, 27 Jahre alt, reist mit einem Kameraden im Kanonendonner in Richtung Brabant. »Am Rande der Ebene hörten sie ein unglaubliches Getöse. Kanonen und Gewehre krachten von allen Seiten, von rechts, von links, von hinten und vorn. Da das Wäldchen, aus dem sie eben kamen, auf einem Hügel lag, der sich etwa zehn Fuß über die Ebene erhob, konnten sie ziemlich weit auf das Schlachtfeld hinausschauen; auf der Wiese, die vor ihnen lag, war allerdings nichts zu bemerken. Sie wurde etwa tausend Schritte entfernt von einer Reihe struppiger Weiden begrenzt. Über diesen Bäumen war weißer Rauch zu erkennen, der sich zuweilen kreisend zum Himmel erhob. Der Kanonendonner nahm immer mehr zu und schien näher zu kommen. Es klang wie das ununterbrochene Tönen dumpfer Baßgeigen. Ein Schuß unterschied sich nicht vom anderen, und dieses Dröhnen klang wie ein entfernter Sturzbach. Dazwischen konnte man das Salvenfeuer der Infanterie heraushören, – in diesem Augenblick fiel eine Kugel zwischen die

Weiden, und unser Held sah, wie die kleinen Zweige, wie durch Sensenschnitt abgetrennt, davonflogen.« Der junge Offizier spürte einen stechenden Schmerz im Oberarm, dann wurde ihm schwarz vor Augen ...

Die im ersten Bild zitierte Schilderung der Schlacht von Waterloo (aus französischer Sicht) entstammt Stendhals »Kartause von Parma«.

Zweites Bild. Der jüngste Sohn des Herzogs von Beaufort, Fitzroy James Henry Somerset, unser Held, ist von seiner schweren Verwundung genesen. Das schreckliche Blutbad vor Waterloo, an dem er unter dem Befehl Wellingtons gegen Napoleon teilgenommen, ist längst in die Geschichtsschreibung eingegangen. Der Krieg hatte dem Offizier den rechten Arm gekostet. An die Mißhelligkeiten, mit nur einem Arm leben zu müssen, hat er sich recht und schlecht gewöhnt. Aber sein Anspruch auf korrektes Äußeres, auf gute Erscheinung ist nicht mit seinem Gebrechen vereinbar. So sinnt er darüber nach, wie er die Folgen seiner Verwundung geschickt verbergen könne. Er macht schließlich seinem Schneider den Vorschlag, einen besonderen Mantel zuzuschneiden. Die Ärmel sollen nicht an der Achsel, sondern schon am Kragen angesetzt werden, so daß die Ärmelnaht schräg zum sonst üblichen Ärmelloch verläuft. Der Mantel bekommt dadurch etwas Pelerinenartiges, die Ärmel erhalten mehr Stabilität, sie kaschieren die Verkrüppelung und ermöglichen es dem Träger, mit einem Arm und ohne fremde Hilfe den Mantel leicht an- und ausziehen zu können.

Drittes Bild: Über die Biografie des Fitzroy James ist nicht sehr viel bekannt. Er wurde Sekretär beim Oberbefehlshaber des englischen Heeres, später Generalfeldzeugmeister. 1852 erhob ihn Königin Victoria als Lord Raglan zum Peer. Er starb 1855, 67jährig, im Krimkrieg an der Cholera. Die Idee für den Schnitt seines Mantels war so brillant, daß sie schnell Freunde und Nachahmer fand. So hat Lord Raglans Name den Mann um anderthalb Jahrhunderte überlebt: Unsterblichkeit des modischen Einfalls »Raglanschnitt«.

DER VATER DER GLÜHBIRNE, DES PLATTENSPIELERS UND DES KINOS

Er ist, will man der nimmermüden Legende glauben, der erfolgreichste Erfinder aller Zeiten. Er erdachte neben den in der Überschrift genannten Gegenständen auch so wichtige wie das Mikrofon, das Quadruplexverfahren, nach dem vier Telegramme zugleich auf einer Leitung durchgegeben werden konnten, eine besondere Art von Akkus sowie den mit einer Dampfmaschine gekuppelten Dynamo zur Erzeugung von Strom, der auf der Pariser Elektrizitätsausstellung 1881 als das achte Weltwunder bestaunt wurde.

Thomas Alva Edison, von dem die Rede ist, hat der Weltgeschichte zudem eine einmalige Biografie beizusteuern. Nach der hat er nur zwei Jahre lang eine Schule besucht. Zur Elektrotechnik ist er durch einen Zufall gekommen. Er hatte dem Kind eines Stationsvorstehers das Leben vor einem heranrasenden Eisenbahnzug gerettet, als Dank dafür weihte ihn dieser Mann in die Geheimnisse der Telegraphie ein. Über Edison haben sich wundervolle Anekdoten gebildet, von denen einige erzählenswert sind. Zum Beispiel fiel seinen Gästen eines Tages auf, daß die Tür zu seinem Haus schwer ging. »Der geniale Erfinder könnte ja mal seine Türangeln ölen«, hieß es. Edison grinste, als er das hörte. »Jeder von meinen Gästen erzeugt beim Türöffnen 60 Watt Strom und macht sich damit wenigstens ein bißchen nützlich«, war die Antwort.

Ein Journalist fiel Edison zum zweitausendsten Mal mit der Frage auf die Nerven: »Sie haben also die erste Sprechmaschine der Welt gebaut?«

»Nein«, sagte Edison, »das war ein Erfinder vor meiner Zeit. Er fertigte sie aus einer Rippe.«

Und berühmt, immer wieder zitiert, oft anderen in den Mund gelegt, ist Edisons kluger Ausspruch: Genie, das ist zu 99 Prozent

Transpiration und zu einem Prozent Inspiration.

Über die Wetterwendischkeit des Ruhms hatten wir schon an anderen Stellen dieses Büchleins Gelegenheit nachzudenken. Auch dieser große Erfinder (zweieinhalbtausend Patente sind mit seinem Namen verknüpft!) ist von der Nachwelt nicht gütig, noch nicht einmal gerecht behandelt worden: Alle drei mit seinem Namen verbundenen Begriffe, die Edisonwalze, der Edisoneffekt und der Edisonakkumulator, sind zusammen mit ihren Gegenständen inzwischen der Veraltung anheimgefallen.

Welche Wertschätzung eine Nation einem Genie entgegenbringen kann, beweist folgende Tatsache: Als Edison am 18. Oktober 1931 starb, wurde in den gesamten Vereinigten Staaten für einige Minuten der Strom abgeschaltet.

INS NICHTS MIT IHM

Als lukullisch pflegt man ein Mahl zu bezeichnen, bei dem Gaumen und Zunge auf ihre Kosten kommen, einen Lukull nennt man wohl auch einen Mitbürger, dem alles Delikate lieb und teuer ist. Ein Kind von Traurigkeit ist er nicht gewesen, der römische Feldherr dieses Namens (117 bis 57 v. Chr.). Er war als Quästor (eine Art Minister) in den Dienst Sullas getreten, hatte für ihn eine Flotte organisiert und unter großen Opfern an Menschen und Material den Krieg gegen den einstigen Bundesgenossen Mithridates gewinnen helfen. Dafür wurde er so überreich beschenkt, daß er bald zu den Reichsten der Provinz gehörte. Sein Lebenswandel war schon zu seinen Lebzeiten sprichwörtlich, die Lukullischen Gastmahle waren hochgeschätzt. Er hat in Rom einen berühmten Park angelegt, die Horti Luculliani auf dem Monte Pincio. In seinem Palast gab es zwölf Speiseräume mit den Namen von zwölf Gottheiten. So wußte der Koch bei Nennung eines Namens, wie teuer das bestellte Gastmahl sein durfte... Ferner rühmte man dem Lukull nach, er hätte von einem seiner Feldzüge die Süßkirsche mitgebracht und in Europa heimisch gemacht. Viel mehr ist nicht geblieben im Gedächtnis der Menschheit. So kann man Brecht, dem leidenschaftlichen Durchleuchter falscher Weltbilder und Zerstörer von Heldendenkmalen, gut nachfühlen, daß ihn der Lukullus-Stoff zur literarischen Gestaltung reizte. Er schrieb 1939 für die Hörspielabteilung des schwedischen Rundfunks »Das Verhör des Lukullus«. Später wurden die »Zwölf Szenen« umgearbeitet und von Paul Dessau vertont. Die Uraufführung fand unter dem neuen Titel »Die Verurteilung des Lukullus« 1951 in Berlin statt. Bei Brecht muß sich der Feldherr nach seinem Tode, nach der pompösen Trauerfeier, bei der alle seine Verdienste noch einmal im glorreichsten Licht erstrahlen, vor einem Totengericht verantworten. Dort zählen nicht seine Erfolge im Krieg, nicht die Zeugen seiner Siege. Als gute Tat, als die einzige seines Feldherrenlebens, wird ihm die Verpflanzung des Kirschbaums angerechnet. Aber wiegt sie die »80 000 in den Feldzügen Hingeschlachteten« auf? Es beschließt das Tribunal:

Im Rock des Räubers
In des Mordbrenners Beutezug
Sind wir gefallen
Die Söhne des Volks ...
Hätten wir doch
uns den Verteidigern gesellt!
Ins Nichts mit ihm!

Wer mag wohl auf den abwegigen Gedanken gekommen sein, einen »Kuchen« aus Keks, Hartfett, Zucker, Eigelb und Kakao ausgerechnet LUKULLUS zu nennen?

URAHN DER ARTILLERIE: EIN MÖNCH

Das Schwarzpulver hat seinen Namen nicht etwa, wie mancher annehmen könnte, von seiner schwarzen Farbe, sondern von seinem Erfinder (Verbesserer?), dem Meister der freien Künste und Bernhardinermönch Bertholdus Niger, zu deutsch Berthold (Bartholomäus) Schwarz. Nun wissen die Gelehrten zwar, daß es auch in früheren Zeiten schon exploxive Pulvermischungen gegeben hat, daß zum Beispiel im alten China bereits Feuerwerkskörper zur Belustigung verfertigt wurden, auch daß der byzantinische Ingenieur Kallinikos einen Brandsatz erdacht hatte, der sich durch Nässe entzündete. Aber diese Substanzen waren wohl nicht in der Lage, ein Geschoß zu treiben. Wie dem auch sei, vielleicht handelt es sich beim Schwarzpulver um eine Wiedererfindung? Beispiele dafür gibt es genügend, das populärste dürfte die Neuerfindung des Porzellans durch Böttger und Tschirnhaus 1709 am Hofe Augusts des Starken sein.

Immerhin wurden Feuerwaffen in Europa erst am Ende des 14. Jahrhunderts bekannt, und Schwarz soll seine Erfindung 1380 gemacht haben. Obwohl 1854 in Freiburg (Baden) ein Denkmal für ihn errichtet wurde, können die Historiker nicht dafür bürgen, daß er jemals in dieser Stadt ansässig war. Auch konnte die von Büchsenmeister Franz Helm aus Köln verbreitete Legende, er sei 1388 wegen seiner verderbenbringenden Erfindung hingerichtet worden, nie verifiziert werden. Lassen wir eine alte Chronik in ihrer Sprache darüber berichten, wie Schwarz zu seinem Pulver kam: »Er war in der Alchymie wol erfahren, und pflegte öfters zu laboriren, um die Natur und Eigenschaften der Mineralien zu erforschen. Da er nun zu seinem Gebrauche und Vorhaben ein wenig Schwefel und Salpeter miteinander vermischet, und in einem Mörser zerstoßen wollte, begab es sich von ungefehr, das ein Füncklein in den Mörser fiel, welches sich im Augenblicke entzündete, und die ganze in dem Mörser enthalte-

ne Materie wurde verzehret, worüber er, wie leicht zu mutmassen, heftig erschrak, nachdem er sich aber ein wenig wieder erholet, und dieser seltsamen Würckung nachgedacht, so hat er diese Sache ferner untersuchet, und zu dem Schwefel und Salpeter endlich auch noch gestossene Kohlen geschüttet. Da er nun frühmorgens ein Gläschen Brandwein zu sich genommen, und es von ungefehr auf eine glühende Kohle geschüttet, die eine helle blaue Farbe von sich geben und durch diese Flamme verzehret worden, so bemercket er dieses auch und feuchtet endlich seinen Salpeter, Schwefel und Kohlen mit Brantewein an, stösset dieses zu einem Breye, streichet die Masse auf ein Bretgen, und stellet es an die Sonne. Als es eingetrocknet, zerbröckelt er es, und gab dadurch den Körnern des Pulvers den Ursprung. Ferner erfährt er die Krafft des Pulvers, daß es, wenn es eingeschlossen, durch Entzündung gewaltig ausbreche: er thut ein wenig in einen alten Schlüssel, stopfet das Loch unten zu, feilet oben etwas auf, zündet es an, und beobachtet, daß es einen großen Knall giebet. Dieser von Schwartzen erfundene Anhang ist durch anderer Leute Klugheit und Boßheit in den folgenden Zeiten weiter ausgeführet, dem Erfinder aber, weil diese Erfindung zum Untergange der vernünftigen und unvernünftigen Kreaturen gereichet, von vielen Leuten nicht viel Gutes dafür angewünschet worden.«

Es sei dahingestellt, welche Wertung ein jeder von uns solchen Geistesleistungen entgegenbringt, die Verheerung wie Segnung zugleich in sich tragen, ob man den Klosterbruder aus Mainz als Urheber der konventionellen Rüstung ansieht oder ob man sich dem Volksmund anschließt, der über einen Mitmenschen, welcher nicht eben helle ist, das Urteil spricht: Der hat das Pulver nicht erfunden.

UNTER DEM WERT GEHANDELT

Dieses Kapitel soll den Männern gewidmet sein, denen die Unbill der Unterschätzung widerfahren ist. Große Leistungen haben ihr Lebenswerk begleitet, ihr Name aber ist bekannt geworden durch eine Banalität.

Hermann Fürst von Pückler-Muskau zum Beispiel hat nicht nur das Verdienst, mit seinem Werk »Andeutungen über Landschaftsgärtnerei« die Theorie für den modernen Landschaftspark geschaffen zu haben, er gestaltete auch unter Aufopferung seines gesamten Vermögens die zwei schönsten Parkanlagen dieser Gattung, Muskau und Branitz. Zudem gebührt dem Fürsten Achtung für seine Reiseberichte, die als Ursprung der Reiseliteratur als Kunstform gelten. Aber was fällt den meisten bei seinem Namen ein? Eine Portion Fürst-Pückler (eine Art Softeis in Schichten: Schokolade, Frucht und Vanille), wofür er das Rezept aus Arabien mitbrachte.

Der Kanzler Bismarck gehört gewiß zu den umstrittensten Persönlichkeiten deutscher Geschichte. Es soll hier nicht untersucht werden, ob seine Verdienste um die deutschrussische Annäherung geeignet sind, eine innenpolitische Fehlleistung wie das Sozialistengesetz aufzuwiegen. Mit Sicherheit hat er es nicht verdient, allein in der Bezeichnung Bismarckhering fortzuleben. Dies geschah, weil er in einer Gesprächsrunde geäußert hatte, wenn der Hering so teuer wie der Hummer wäre, gälte er mit Sicherheit in den höchsten Kreisen als Delikatesse. Und auch die beim Konditor erhältliche Bismarckeiche wird seinem Rang nicht gerecht.

Der Dritte im Bunde der von der Nachwelt ungebührlich Benachteiligten ist Robert Wilhelm Bunsen. Er gilt als der Begründer der physikalischen Chemie in Deutschland, eine ganze Serie von Erfindungen ist seinem gescheiten Kopf entsprungen: Die Gasanalyse, das Dampfkalorimeter, die Wasserstrahlluftpumpe, ein galvanisches Element. Mit Kirchhoff zusammen entwickelte er 1860 die Spektralanalyse, er ist der Entdecker der chemischen Elemente Zäsium und Rubidium. Aber nein – ausgerechnet der Bunsenbrenner trägt seinen Namen in die Zukunft, ein eher simples Laborhilfsgerät, nicht einmal von Bunsen allein erdacht – schon in grauer Vorzeit war den Chinesen die »entleuchtete« Flamme bekannt, und Faraday hat bereits 1828 einen Brenner mit verstellbarer Primärluftzufuhr beschrieben.

Wie unberechenbar sind Publikum und Popularität! Kleine Münze, sprachliches Wechselgeld bleibt für Personen, die uns ganze Säcke voll Dukaten hinterlassen haben.

Dem verdienstvollen Kanzler Gustav Stresemann, der für seine Absicht, Deutschland wieder zu einem geachteten Gemeinwesen zu machen und in den Völkerbund zu integrieren, 1926 den Nobelpreis erhielt, widerfuhr eine Banalität besonderer Dimension: Sein Name kam für einen gestreiften Gesellschaftsanzug ins Register der Ewigkeit.

Im übrigen: Nicht jeder Name eignet sich für die Benennung einer Tat, Erfindung, Entdeckung. Prof. Bruch, der Erfinder des Farbfernsehsystems PAL, wurde in einer Unterhaltungssendung vom Moderator hintergründig-provokant gefragt: »Es gibt den Wankelmotor, den Wankel erfunden hat. Warum wurde das PAL-System nicht nach Ihnen benannt?« Der pfiffige Professor erwiderte schlagfertig: »Raten Sie mal!«

ZUSTIMMUNG AUF AMERIKANISCH

In den Vereinigten Staaten von Nordamerika war es früher üblich, jedem Präsidenten einen Spitznamen zu geben. Der martialische Jackson zum Beispiel hieß im Volksmund nur »Old Hickory«, der alte Nußbaum. Sein Nachfolger, achter Präsident der USA, Martin von Buren, war geboren in Kinderhook im Staate New York, daher bezog er seinen Beinamen »Old Kinderhook«, abgekürzt O. K., ausgesprochen Okay. 1840 gründeten Freunde des Präsidenten einen O.-K.-Club für die Wiederwahl, man grüßte sich mit nach oben gerecktem Daumen und »Okay«. Seitdem zerkaut der waschechte Yankee, wenn er Zustimmung signalisieren will, sein Okay zwischen den kaugummigepflegten Zähnen.

Als Amerika 1812 gegen England Krieg führte, gab es einen sehr populären Heeres-Proviant-Inspektor, Samuel Wilson aus New York (1786–1854). Er wurde Uncle Sam genannt. Und da auch die Proviantkosten mit den Buchstaben U.S. Am. (United States of Amerika) bezeichnet waren, hatte sich bald der Nationalspitzname eingebürgert. Fast alle Staaten haben, oft zum Leidwesen ihrer Angehörigen, solche Necknamen.

Yankee – so heißen ja beim Rest der Welt die US-Amerikaner im allgemeinen, in den USA die Nordstaatler im besonderen. Woher diese gängige Bezeichnung stammt, darüber gibt es unter den Sprachforschern an die zwanzig verschiedene Erklärungen. Einige wenige sollen hier genannt sein:

1. Der Spitzname für die holländischen Siedler lautete »Jan Kees«; zu deutsch Hans Käse. Manche verkannten ihn als Mehrzahlform und machten den falschen Singular Jankee daraus.

2. Die holländische Verkleinerungsform für Hänschen heißt Janneke.

3. Die holländischen Seeleute in Neu-Amsterdam (heute New York) hießen unter der Bevölkerung Jantjes, vielleicht hat der Yankee hier seine Wurzel?

Oder 4. Vielleicht aus dem französischen Wort für die englischen Ansiedler, anglais?

Oder 5. von dem Wort, mit dem die indianischen Ureinwohner die frühen englischen Einwanderer bedachten: Yenn gy?

Der Name wird übrigens nicht nur spöttisch verwendet. Das auch. Aber die Nordamerikaner selbst bezeichnen sogar ihr ältestes Nationallied »A Yankee boy is trim an tall« (ein Yankeebursch ist schlank und schmal) als den »Yankee Doodle«. Ja, bei Onkel Sam ist fast alles möglich.

Der Begriff der Lotterwirtschaft wird seit reichlich hundert Jahren mit dem Baumeister Hieronymus Lotter (1497 bis 1580) in Verbindung gebracht, der den Leipziger Rathausbau so zügig vorangetrieben, daß schon bald Baufälligkeit zu beklagen war und der beim Bau der Augustusburg wegen uneffektiven Kräfteeinsatzes sein Vermögen verlor. Der Zusammenhang konnte natürlich nie ganz schlüssig bewiesen werden. Auch ist es ein übelwollendes Gerücht, daß der Stramme Max von Max Schmeling seinen Namen hätte. Und obwohl es glaubhaft klingt: die Klippschule wurde nicht von

Klipp und Klar ins Leben gerufen. Hartnäkkig hält sich auch die Legende, Dr. Sod, der Erfinder des Sodbrennens, habe Bad Soden gegründet.

Aber wer hätte gedacht, daß George Sand, die französische Schriftstellerin, die das herkömmliche weibliche Rollenverhalten in Frage stellte, indem sie einen Männernamen annahm, daß eben diese George Sand heimlich buk und dabei den schmackhaften Sandkuchen erfand?

Die dankbaren Preußen bauten Friedrich dem Großen, der ihnen als Grundnahrungsmittel die Kartoffel bescherte, in dem Begriff Pomm Fritz ein sprachliches Denkmal für alle Zeiten.

Uralt ist das Polohemd. Marco Polo muß es auf seinen Reisen einfach zu heiß geworden sein, sonst hätte er sich bestimmt nicht dazu hinreißen lassen, ein solches saloppes Kleidungsstück in die verdutzte Welt zu setzen.

Mußte Prof. Franz, als er in San Franzisco an der Entdeckung des Elementes Franzium tüftelte, ausgerechnet den Franzbranntwein erfinden? Konnte er diese Großtat nicht seinem Kollegen Trink überlassen?

GENIESTREICH EINES KÜCHENJUNGEN

Wien, ein paar Jahre nach dem Wiener Kongreß. Der Fürst von Metternich hat zu einem festlichen Empfang geladen. Spät, fast zu spät, teilt man ihm mit, daß sein Konditor erkrankt sei. Ratlosigkeit erst, dann befiehlt der Fürst: Laßt mir den Küchenjungen kommen. Dieser, ein gänzlich unerfahrener Bub, kaum 16 Jahre alt, ist bald geholt. Der Fürst gibt ihm den Auftrag, irgend etwas für die Gäste anzurichten, das die verwöhnten Zungen zu kitzeln vermag. »Laß dir etwas einfallen!« spricht er mit einem Schulterklopfen. Und Franz, der Küchenjunge, läßt sich etwas einfallen.

Maria von Medici hatte eine Passion für leckere Süßigkeiten. Ihr Zuckerbäcker war Signore Pastilia. Wen wundert es, daß die vernaschte Welt seitdem auf die süßen Pastillen nicht mehr verzichten wollte?

Er mischt Butter, Zucker, Mehl und Eier mit bitterer Schokolade, bäckt das ganze zu Torten, bestreicht sein Gebäck mit heißer Aprikosenkonfitüre und glasiert mit bittersüßer Schokoladenmasse. Was hat der Junge damit angerichtet! Nicht nur die versammelte Gesellschaft ist des überschwenglichen Lobes voll, der Ruhm der köstlichen Näscherei dringt im Nu nach draußen: Erst in alle Wiener Kaffeehäuser, rasch verbreitet er sich über ganz Österreich, ja sogar über ganz Europa. Franz Sacher hatte die berühmteste Wiener Torte erfunden. Sie wurde schon bald nach ihm benannt. Reporter, die ihn nach dem Rezept befragten, erhielten die Antwort: »Ach, das sind bloß ein paar zusammengewürfelte Zutaten...«

Zwei weitere Leckereien haben Wiener Namen: Der Krapfen (in Leipzig zum Kräppelchen verballhornt) von der Bäckerin Cecilie Krapf; und die Linzer Torte nicht etwa nach Linz, sondern nach dem Wiener Konditor Johann Linzer (so daß man sie »Linzertorte« schreiben sollte).

Franz Sacher wurde später zum Küchenchef des Fürsten Metternich befördert, in reiferem Alter eröffnete er eine eigene Konditorei, die noch heutigentags (als Hotel, Restaurant und Kaffeehaus) besteht und – wie kann es anders sein – noch immer an der Spitze ihres Schlemmerangebotes die Sachertorte führt. Das genaue Originalrezept bekommt man also nur in Wien, im »Sacher«.

VON ÄPFELN UND IHREN WELTBEWEGENDEN FOLGEN

Alles hat damit begonnen, daß Eris, ihres Zeichens Göttin der Zwietracht, zu einer olympischen Hochzeit nicht eingeladen worden war. Als Expertin für Kabale und Mißgunst mußte sie nicht lange überlegen, wie sie sich angemessen rächen solle: Sie rollte einen goldenen Apfel zwischen die anwesenden Göttinnen, er trug die Aufschrift »Der Schönsten«. Und man kann sich lebhaft vorstellen, wie sich die Göttlichen augenblicklich höchst menschlich in die Haare bekamen. Das Fest war gelaufen.

Da gab es einen Prinzen von Troja, Paris mit Namen, der als Schäfer im Gebirge lebte, ein artiger, starker und schöner junger Mann. Zu ihm schickten die Göttinnen ihren Götterboten mit dem Auftrag, er solle Richter über den Grad ihrer Schönheit sein. Paris, zuerst erschrocken über diese heikle Aufgabe, willigte angesichts der geballten göttlichen Schönheit alsbald ein. Ob sich die attraktiven Damen der Ein-Mann-Jury wirklich hüllenlos dargeboten haben, ist nicht verbürgt, obwohl die zahlreichen Künstler, die den historischen Augenblick in ihren Werken verewigt haben, uns das glauben machen möchten. Es war sicher auch so schwierig für den Hirten, die richtige Entscheidung zu treffen. Schön waren alle drei, denn Unsterblichkeit bedingt ja wohl ewige Jugend, und der Genuß von

Der Apfel hat in der Geschichte schon immer Sinnbildcharakter, er bildete mit Krone und Zepter ein Attribut monarchischer Herrschaft, gehörte zu den Krönungsinsignien der deutschen Kaiser und bedeutete in der Hand Christi die Erlösung von der Erbsünde.

Ambrosia mit Nektar dürfte den Idealmaßen auch nicht abträglich gewesen sein. Nein, schwierig waren die taktischen Überlegungen: Hera als First Lady auf dem Olymp die Mächtigste; Athena sicher die Klügste und bei einer Abfuhr bestimmt nicht zimperlich mit ihrer Vergeltung, und schließlich Aphrodite mit ihren weitreichenden erotischen Beziehungen ... Aber noch bevor Paris überhaupt zum Überlegen kam, mußte er die Angebote über sich ergehen lassen.

Hera flüsterte ihm, falls er ihr den Apfel zuerkennen sollte, könne er Herrscher über das mächtigste Reich werden. Athena bot ihm für ihr gutes Abschneiden Weisheit und andere Männertugenden an. Aphrodite schließlich zwinkerte ihm zu und stellte ihm das schönste Weib der Welt in Aussicht. Es ist nicht überliefert, welche Gründe Paris zu seiner folgenschweren Entscheidung bewogen haben. War es die Angst davor, die Göttin der Liebe gegen die anderen zurückzusetzen? War es einfach die Verlockung von Liebeszauber und Genuß? Paris reichten den goldenen Apfel der Aphrodite. Das Unheil, welches das Parisurteil heraufbeschwor, ist bekannt: Das schönste Weib auf Erden, die schöne Helena, hatte schon einen Mann, Menelaos. Paris mußte sie also mit Gewalt entführen. Das löste den zehnjährigen Trojanischen

Krieg aus, den die Griechen um Helena führten und der mit dem Untergang Trojas endete.

War es mit dem Apfel im Paradies besser gewesen? Könnten wir nicht alle in Ruhe und Frieden leben, hätte Adam damals Evas Verführungskünsten strikt widerstanden und seine Begierde nach ihren Äpfeln geziemend gezügelt? Freilich müßte dann zumindest das Mannsvolk auf ein schmückendes Beiwerk verzichten: auf den Adamsapfel, der ja nach dem Volkswitz ein Stückchen von dem verbotenen Apfel sein soll, folglich Evas Apfel heißen müßte, aber selbst von den Medizinern, die es ja wissen müssen, lateinisch Pomu Adamii geheißen wird.

Und als Geßler auf die absurde Idee kam, den Tell einen Apfel vom Kopf des eigenen Sohnes schießen zu lassen, hat er sicher nicht bedacht, daß er damit sein eigenes wertvolles Leben beendete und den Eidgenossen eine Flut von Wasser auf ihre Mühlen goß, die gegen Habsburg mahlten.

Aber zur Ehrenrettung des rotbäckigen Obstes muß ins Feld geführt werden, daß es ein Apfel war, der Sir Isaac Newton dazu brachte, über die Gesetze der Anziehungskraft nachzudenken und daraus Erkenntnisse abzuleiten, die schließlich das ganze Weltbild der Menschheit umwarfen.

DER SEELENWÄRMER

Um 1740 gibt es bei der britischen Admiralität großes Kopfzerbrechen. Die Mangelkrankheit Skorbut hat unter den Mannschaften überhandgenommen: Seeleute, die mitunter monatelang nichts »Frisches« verzehren können, leiden zuerst unter Zahnausfall, später kommt Magenbluten hinzu. In dieser Zeit fallen mehr Leute der »Schiffskrankheit« zum Opfer als dem Seekrieg. Man weiß, das einzige sichere Mittel gegen den Skorbut oder Scharbock ist rohes Obst und Gemüse (den Begriff Vitamin C gibt es erst in unserem Jahrhundert).

Also verfügt die Seekriegsbehörde, den Seeleuten täglich eine Rumration mit Zitronensaft zu verordnen. Dies wiederum hat zur Folge, daß die geschwächten Matrosen oft nach der Einnahme ihrer »Medizin« nicht mehr recht diensttauglich erscheinen. Admiral Vernon war der erste, der auf die Idee kam, Rum und Zitrone mit heißem Wasser zu verdünnen. Vernon, der bei rauhem Wetter stets einen Mantel aus Grogram (einem groben Wollgemisch ähnlich Kamelhaargewebe) zu tragen pflegte, hatte unter seinen Männern den Spitznamen »Old Groggy«, und den übertrugen sie bald auf das von ihm aus der Taufe gehobene neue Getränk.

Seitdem sagt man unter englischen Seeleuten auch von einem, der ein bißchen zu tief ins Grogglas geschaut hat, »er ist groggy«. Der Grog ist nicht nur international geworden, sondern hat auch zielsicher seinen Weg in den zivilen Sektor gefunden. Darauf einen steifen Grog.

Lustig ist auch die Herkunft der Limonade: Sie kommt aus Limone am Gardasee, wo die saftigsten Limonen (= Zitronen) angebaut wurden. So daß die Zitronenlimonade ein ebenso unsinniges Doppelwort ist wie der weiße Schimmel. Neulich konnte man von einem Politiker sogar die schöne Wendung »defensive Abwehr« vernehmen.

SCHABERNACK AUS DEM SETZKASTEN

Unter Schülern und Studenten kommt es vor, daß sie in ihrem Übermut mit der Sprache etwas mutwillig, ja respektlos umspringen. Sie biegen manches Wort, bis es fast zu brechen droht. »Ich bin mit einem pikanten Künstler pikant«, »Geh du mal mit gutem Bleistift voran« oder »Du stehst ja unter dem Alfluß von Einkohol« sind die harmloseren von möglichen Verdrehungen. Auch schriftliche Bocksprünge wie Xundheit oder Atzventzkrantz gehören in diese Rubrik, die wir »verballhornte Wörter« nennen.

Das Verballhornen ist um eine Spur verschieden vom Verhunzen oder Verunstalten, in seiner Bedeutung schwingt sowohl ein wenig Absicht als auch ein wenig Ulkbereitschaft mit.

Dem armen Johann Balhorn, Drucker zu Lübeck, gestorben 1599 oder 1603, ist dagegen über lange Zeit das Etikett des bierernsten Besserwissers, des notorischen Verschlimmbesserers angeheftet worden, zumeist von Kritikern, die selber nicht sehr gründlich und wenig gewissenhaft waren. Ein jeder von ihnen hängt dem armen Ballhorn eine andere Unart an, aber keiner beweist ihm, was zu beweisen wäre. So ist im »Neu Sproßenden Teutschen Palmbaum« 1668 zu lesen: »Das Wort dignus ist nicht mehr würdig, daß es geschrieben werde: Wehrt, sondern es ist durch Johan Balhorn verbessert, und heist: Wärt.« Der anonyme Kritiker macht aber selbst einen Fehler, denn er meint: Wert (verbindliche Regeln für die Rechtschreibung gab es ohnehin nicht). Ein gewisser Schuppius wirft ihm 1663 vor, er habe 1532 ein Magnificat unrichtig wiedergegeben und dazugesetzt: Verbessert von J. Balhorn (nimmt's aber selber nicht so genau, er nennt die Entstellungen nicht beim Namen, schreibt mal Balhorn, mal Baldorn). In einem Gesuch von Chr. Aug. Heumann taucht 1724 die Behauptung auf, Balhorn habe ff, tt und ss ins Lateinische eingeführt und dieses damit sträflich verändert, aber auch Heumann bleibt die Beweise schuldig. 1800 erscheint von F. W. Eichholtz zu Halberstadt eine Abhandlung »Johann Ballhorn, der Verbesserer«, in der es heißt: »Er hat eine gewöhnliche Kinderfibel neu aufgelegt, auf deren letzten Seiten ein großer Kükrüky-Hahn zu stehen pflegt mit der Unterschrift: »Steht auf, ihr Kinder, zieht euch an./ Die Klok schlägt sechs, euch weckt der Hahn! Und eben diesen hat er nicht nur ohne Sporen abgebildet, sondern ihm ein paar Eier zur Seite gesetzt«, Beisatz: Verbessert durch J. B.

Spätestens bei diesem Zitat regt sich der Verdacht, daß hier vielleicht ein Schelm, ein

Buchdrucker mit Scharfsinn und Witz am Werk gewesen. Nicht aus Federfuchserei und Beckmesserei kommen vielleicht die Balhornschen Fehlgriffe, sie geschehen womöglich mit einem Augenzwinkern? In Flögel Ebelings »Geschichte des Grotesk-Komischen« aus dem Jahre 1888 wird eine Initiale aus einem Balhorn-Druck von 1548 wiedergegeben, ein D. In diesem verschnörkelten Großbuchstaben erkennt man bei näherem Hinsehen einen Esel mit Brille, der in einem Buche liest ...

Der eingangs behauptete Gehalt an Ulkbereitschaft scheint damit bewiesen, das Wort Verballhornen seiner pedantisch-bedenklichen Nebenbedeutung entkleidet, der arme B. rehabilitiert. Oder?

RIESENZIGARREN, DIE EINEN GRAFEN BERÜHMT MACHTEN

Hochstimmung herrschte im Frühjahr 1937 an Bord des deutschen Luxus-Luftschiffs, als es wieder einmal zum Start nach Amerika abhob. LZ 129 (hinter den Buchstaben verbirgt sich »Luftschiff Zeppelin«) hatte den Atlantik schon zehnmal überflogen und dabei über tausend Passagiere befördert. Das 245 Meter lange »Fliegende Hotel« konnte sich immerhin mit 135 Stundenkilometern Geschwindigkeit vorwärts bewegen. In seinem Inneren fühlte sich auch der verwöhnteste Globetrotter wohl: In geheizten Schlafkabinen verbrachte man die Nächte, in einem klimatisierten Speisesaal wurde à la carte gegessen, beim Überflug reizvoller Gegenden wurden die »Herrschaften in die Aussichtskabine gebeten«, im Rauchsalon las und spielte man. Allerdings waren bei Reiseantritt alle Streichhölzer und Feuerzeuge eingesammelt worden; wer rauchen wollte, mußte sich von seinem Steward Feuer geben lassen. Kaum einer war sich der ungeheuren Gefahr bewußt: Unter einer Riesenbombe hochexplosiven Wasserstoffgases flog man – für 400 Dollar – im Zeppelin durch die Lüfte, 36 Passagiere, 61 Mann Besatzung, via Atlantik nach USA.

Warum eigentlich Zeppelin? Der ehemalige Offizier Graf Ferdinand v. Zeppelin hatte sich schon früh mit dem Gedanken des »lenkbaren Ballons« beschäftigt, wie viele europäische Erfinder in der Mitte des 19. Jahrhunderts. Ihm gelang mit dem starren Luftschiff das erste betriebsfähige Luftfahrzeug dieser Art. Patent 1895. Sachverständigenkommission lehnt Entwurf ab, Zeppelin gründet auf eigene Faust mit viel Eigenkapital eine Luftschiff-AG. Am 2. Juli 1900 erster Aufstieg (LZ 1). Aber technische Mängel führen zur Verschrottung dieses ersten Luftschiffs. Dann 1905 und 1906 neue Starts. 1908 erste Zeppelin-Fernfahrt des LZ 4 über Basel-Speyer-Mainz-Worms-Stuttgart. Der Riesentriumph wird getrübt: Nach der Notlandung wird LZ 4 bei Echterdingen durch eine elektrische Entladung zerstört. Graf Zeppelin ruft zu einer »Nationalspende« auf, 6 Millionen Mark ermöglichen die Weiterentwicklung. Aufschwung im Ersten Weltkrieg: Im Todesjahr des Grafen, 1917, gelingen drei Rekorde, LZ 120 fliegt 101 Stunden lang, L 55 erreicht 7 300 Meter Höhe, L 59 schafft mit 6 757 Kilometer die weiteste Fahrt. Nach dem Weltkrieg verbietet der Versailler Vertrag dem deutschen Reich zunächst den Bau von Luftfahrzeugen, aber für zivile Zwecke wird die Bestimmung gelockert. 1929 kann Kommandant Dr. Eckener mit LZ 127, genannt »Graf Zeppelin«, seine berühmte Weltumsegelung machen.

Doch zurück in die Luxuskabine von LZ 129. Man schreibt inzwischen den Himmelfahrtstag, den 6. Mai 1937, bei strahlendem Wetter nähert sich das Luftschiff dem amerikanischen Festland, mit etwas Verspätung überfliegt es New York. Der Bordfunker nimmt eine Wetterwarnung entgegen: Gewitter und Böen sind zu erwarten. Von unten erklingt das Pfeif- und Sirenenkonzert von den Dampfern, Frachtschiffen, Yachten und Lokomotiven, das die Reisenden schon gewohnt sind. Zwischen dunklen Gewitterwolken erheben sich die Wolkenkratzer Manhattans. Das Luftschiff nimmt Kurs auf den Landeplatz Lakehurst. Um 17.22 Uhr registriert der Funker den Befehl der Bodenstation: »Sofort landen!« Es wird Gas abgelassen, beim Landeanflug in Gegenwindposition wird das Luftschiff hecklastig. Mehrere Mann der Besatzung werden nach vorn beordert, aus den vorderen Zellen wird Wasserstoff abgeblasen. Da dreht sich der Wind. Der Kommandant entschließt sich, den gesamten Wasservorrat von über 1,5 t Gewicht abzuwerfen, man fliegt noch 60 Meter hoch, die Landetaue werden hinausgeworfen. Da erscheint über der Gaszelle 4 ein Flämmchen. Sekunden später explodieren 200 000 Kubikmeter Wasserstoff. Ein Haufen Aluminiumschrott, darin 35 Leichen das ist alles, was von dem Luftfahrzeug übrigbleibt.

Die beiden Zeitgenossen Graf Zeppelin und Rudolf Diesel haben einander nie kennengelernt. Ihr Verkehr bestand aus zwei Postkarten. In der einen bittet Diesel den Grafen um Zutritt zum Stapellauf von LZ 1 und fragt nebenher an, ob Interesse an Dieselmotoren für die Luftschiffe bestehe. In seiner Antwort bemerkt Zeppelin schroff, das Antriebsproblem sei gelöst, an neuen unerprobten Methoden kein Bedarf – und er hinterlegt eine Freikarte für die Veranstaltung. Zwanzig Jahre nach dem Tode des Grafen Zeppelin wurden die Zeppeline mit Dieselmotoren ausgerüstet.

Diese Katastrophe leitete das Ende der Luftschiffentwicklung ein. Zum sechsten Jahrestag des Untergangs von LZ 129 hat Göring in Deutschland den letzten Zeppelin-Hangar sprengen lassen.

Ob das Luftschiff, wie es in Rußland geplant ist, einst als Frachttransporter auferstehen wird, steht in diesen Tagen noch hoch in den Sternen geschrieben. Der Welt bisher größter Zeppelin wurde 1987 von einem japanischen Großkonzern in den Himmel geschickt. Er wirbt auf zwei Riesenbildschirmen seiner Außenfläche, bestehend aus je 200 000 Leuchtdioden, des Nachts mit Bildern, die noch aus 10 Kilometer Entfernung sichtbar sind, für elektronische Produkte.

HERMES, GANZ MODERN

Er ist uns an anderer Stelle schon begegnet. Hermes, der Götterbote, Patron der Kaufleute und der Diebe, des Glücks und der Winde. Diese beliebte Gottheit hatte einen Namensvetter, Hermes trismegistos (der dreimalgrößte, was soviel wie der allerallergrößte bedeutet), und dieser Hermes ist ein alter ägyptischer Gott. In seiner Heimat trug er den Namen Thoth oder Tahuti und war kompetent für Maße und Zahlen.

Eben dieser Hermes vom Nil ist es, dem wir den hermetischen Verschluß verdanken. Neben vielen geheimen Künsten, die man ihm zusprach, soll er auch die Gabe besessen haben, durch magische Spiegel Schätze und Gefäße völlig unzugänglich zu machen, ebenso Siegel zu setzen, die ein Behältnis luftdicht abschließen. Wer ahnt schon, wenn er von einer hermetisch verschlossenen Raumfähre spricht, daß er sich mitten in der ägyptischen Mythologie aufhält?

Man schreibt das Jahr 1781. In der Nähe der französischen Stadt Dijon, in einem Bauernhaus, sind zwei Männer bei einer seltsamen Beschäftigung zu sehen. Sie stecken die Köpfe zusammen, brennen ein Häufchen Papier, das auf einem Teller liegt, mit einem Streichholz an, halten vierhändig ein Blatt Papier darüber. Dann gibt einer von ihnen ein Kommando, beide lassen zur selben Zeit los. Das Blatt segelt ein Stückchen zur Zimmerdecke und schwebt dann zum Fußboden hinab. Brüder sind die zwei, sie klopfen einander auf die Schultern und lachen, wie sie schon als Jungen zusammen gelacht haben. Den ganzen Winter über haben die beiden, Etienne-Jacques und Joseph-Michel Montgolfier, verschiedene Beobachtung mit Flammen, erwärmter Luft, mit kalten und warmen Luftströmungen angestellt. Nun, im Frühjahr 1782, gehen sie auf den Acker hinaus und machen ihr erstes größeres Experiment.

Im Jahr 1790 schenkte der französische Hof den Brüdern Montgolfier »wohlschmekkende Knollen aus Mauritius, die die französische Küche beträchtlich verfeinern«. Doch die Brüder aßen sie nicht, sondern steckten sie in die Erde. Wunderschöne Blumen wuchsen im Herbst daraus. So kam die Dahlie nach Europa (benannt nach dem schwedischen Botaniker Andreas Dahl, 1751–1789).

Warme Luft drängt nach oben. Könnte man sie mit einem leichten Behälter auffangen: Man würde ihn das Fliegen lehren!

Die Montgolfiers sind von Beruf Papiermacher. Was liegt also näher, als einen Papiersack über ein Strohfeuer zu halten, Öffnung nach unten. Mächtig treibt es das Ding in die Höhe.

Montgolfière

Immer neue Experimente folgen, mit immer größeren Behältern. Am 5. Juni 1783 stellt sich der erste wirkliche Erfolg ein: In Vidalon-les-Aonay fliegt vor versammelter Öffentlichkeit ein von heißer Luft empor gehobener Leinwandballon zum Himmel. Nun getrauen sich die Montgolfiers, dem Hof Mitteilung zu machen von ihrer Erfindung. In Gegenwart des Königs und seines Hofstaates fliegt am 19. September ein ähnlicher Ballon wie der vom Juni in die Wolken, und an Bord sind ein Schaf, ein Hahn und eine Ente. Der Ballonaufstieg wird wie ein Wunder bejubelt. Von Ah und Oh begleitet, kehren die Tiere wohlbehalten zur Erde zurück. Über die physikalischen Gesetze, die bei diesen Flügen wirksam wurden, gab es zu dieser Zeit im Publikum keine rechte Vorstellung. Die Presse schrieb vom »Montgolfier-Gas, das die Ballons nach oben bringt«. Nun ging man daran, einen Menschen in den Himmel fliegen zu lassen. Ein Vorschlag ging um: Man sollte einen zum Tode Verurteilten für den Versuch verwenden. Da aber meldete sich ein Freiwilliger, der Ingenieur J. P. Pilatre des Rozier: »Es wäre ja eine Schmach, einem Verbrecher so viel Ehre darzubringen.« Am 21. November 1783 war es so weit: Monsieur Rozier startete von Schloß Muette aus zum Freiflug und legte über dem Pariser Raum in

100 Meter Höhe 5,6 Meilen zurück. Der Ballonflug dauerte 25 Minuten. Die Montgolfière (dieser Name hatte sich inzwischen allgemein durchgesetzt) machte schon im Januar des nächsten Jahres einen Flug mit sieben Passagieren, darunter Joseph-Michel Montgolfier.

Die Erfindung von wasserstoffgefüllten Ballons führte dazu, daß die romantischen, mit Bildern und Ornamenten geschmückten Montgolfièren bald wieder vom Himmel verschwanden. Für lange Zeit.

Aber die Vorliebe vieler Mitbürger für das Überkommene, heute so herzig »Nostalgie« genannt, hat dazu geführt, daß sich auch der Himmel unserer Tage mit den bunten, ruhigschwebenden und nunmehr propangasgeheizten Montgolfièren schmückt und den beiden Montgolfiers die Unsterblichkeit ihres Namens sichert.

ZWEI APOSTEL FÜR EINE VOLKS-SPRACHE

Man könnte sagen: Die Überlieferung schert sich einen Teufel darum, ob geschichtliche Wahrheit sich mit dem Sprachgebrauch deckt; man könnte so sagen, wenn es sich nicht ausgerechnet um einen Heiligen handelte. Denn der heilige Kyrill (Apostel der Slawen, 827–869) hat in Wirklichkeit nicht die nach ihm benannte kyrillische Schrift, die Kyrilliza, erfunden. Er und sein Bruder Method (826–885) waren vom Papst Nicolaus nach Böhmen geschickt worden. Es gelang ihnen auch, innerhalb von vier Jahren die heidnischen Götter in die Verbannung zu schicken, aber dann mußten sie sich in Rom verantworten: Sie hatten in einer slawischen Sprache gepredigt, und das war ein Sakrileg.

Method mußte deshalb zwei Jahre ins Gefängnis. Papst Johannes hat ihn danach wieder in seine Rechte eingesetzt, aber Slawisch als Liturgiesprache blieb kategorisch verworfen.

Das älteste Kirchenslawisch ist die altbulgarische Sprache, auch Glagoliza genannt. Und diese, vermutlich einschließlich ihres Alphabets, geht nun tatsächlich, unumstößlich und vielfach beglaubigt auf das geistige Konto des Cyrillus. Beide Kirchen feiern den Namenstag der Brüder Kyrill und Method; die katholische am 5. Juli, die orthodoxe am 11. März – man soll die Feste feiern, wie sie fallen.

ALLES HÄNGT AN EINEM HAAR

Aus der Schulzeit ist einem Schillers Ballade in gemischter Erinnerung, die mit den markigen Worten beginnt: »Zu Dionys, dem Tyrannen, schlich Möros, den Dolch im Gewande ...« In genau dieses Tyrannen Gefolge gab es einen Höfling mit Namen Damokles, der wahrhaftig keinen Dolch im Gewande, sondern schmeichlerische Sprüche auf der Zunge trug. Nun mögen es ja die Tyrannen, wenn man ihnen schöntut (und nicht nur sie). Aber zu viel der süßen Worte werden auch dem Eitelsten sauer aufstoßen. Als der Schranze der überschwenglichen Lobpreisungen zu viel getan hatte, ließ Dionysius ihm, scheinbar zur Belohnung, alle Genüsse einer fürstlichen Tafel bringen, setzte ihn auf einen goldenen Sessel und bewirtete ihn mit goldenem Wein.

Für Leute, die das Hintergründige mögen, hat Erich Kästner seinen »Kleinen Rat für Damokles« verfaßt: Schau prüfend deckenwärts! Die Nähe des möglichen Schadens liegt nicht in der Schärfe des Schwerts, vielmehr in der Dünne des Fadens.

Da aber gewahrt Damokles, als er gerade kräftig zulangen will, über seinem Haupte ein scharfes Schwert, aufgehängt an einem Pferdehaar. Er sitzt wie versteinert. Gellert schildert den Fortgang der Geschichte so:

»Er sieht nicht mehr auf seines Zimmers Pracht,
Nicht auf den Wein, der aus dem Golde lacht;
Er langt nicht mehr nach den schmackhaften Speisen,

Er hört nicht mehr der Sänger sanfte
Weisen,
»Ach«, fängt er zitternd an zu schrein.
»Laß mich, o Dionys, nicht länger glück-
lich sein!«

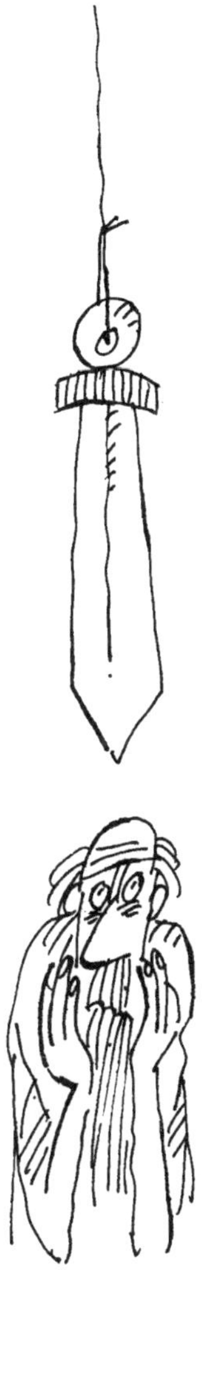

Man könnte mehrere Schlüsse aus dieser Fabel ziehen.

1. Der Glückliche lebt nicht unbedroht.
2. Lieber ohne Luxus als ohne Sicherheit leben.
3. Tyrannen sind Unmenschen.
4. Man soll den Konformismus nicht übertreiben.
5. Droht Unheil von oben, nicht wettern und toben...

Die Story ist im übrigen nie zu Ende erzählt worden. Ist Damokles bei der Sache ergraut und fortan einsilbig und weise geworden? Ist er das nächste Mal zur Tafel gekommen mit dem Dolch im Gewande?

Ob er nun wirklich Adam Riese geheißen hat oder, wie manche Experten heute versichern, Adam Ries – es läßt sich nicht mehr feststellen. Bei der Rechtschreibung hatte man im 16. Jahrhundert noch keine Skrupel, er selbst schreibt mal so, mal so, dann aber auch Adamus Risius, Adam Riess, Ryse. So wie in seinen schön anzusehenden Manuskripten das Jahr mal *Ihar*, mal *Jar* und ein andermal *iar* heißt. Der Rechenmeister vom Annaberger Bergamt war seiner Zeit eine gewaltige Nasenlänge voraus: Sein großes Rechenbuch mit 325 Textaufgaben beherrschte 200 Jahre lang den Schulunterricht in Deutschland.

Er war, vermutlich weil er seine Werke nicht in lateinischer, sondern in deutscher Sprache geschrieben hat, schon zu Lebzeiten ungeheuer populär und läßt sich in dieser Hinsicht vielleicht nur mit Luther oder Dürer vergleichen. Wann der gescheite Mann geboren wurde, war lange Zeit überhaupt nicht bekannt, denn Matrikelbücher mit genauen Geburtsdaten gibt es erst seit der Mitte des 17. Jahrhunderts. Als man auf einem Holzschnitt die Angabe fand »Anno 1550 Adam Ries seines Alters im 58.«, fiel ein Lichtstrahl in das Dunkel.

Interessant ist, daß Ries 1533 die Annaberger Brotordnung verfaßte. Was hat Mathematik mit Brot zu tun? Dazumal änderte sich mit dem Getreidepreis nicht der Brotpreis, sondern das Gewicht. Je besser die Ernte war, ein desto ansehnlicheres Stück Brot hatte man zwischen den Zähnen. Eine ganz folgerichtige Sache. Der »Bergmann von der Feder« schuf dafür ein Tabellenwerk, das es auch den in der Rechenkunst nicht ganz so bewanderten Bäckern ermöglichte, die richtige Portion in den Ofen zu bekommen. Wenn wir heute mit Computern und Taschenrechnern schier unglaubliche Wunder an Rechenleistung vollbringen, ohne umfangreicher mathematischer Vorbildung zu bedürfen, sollten wir uns auf diesen Mann besinnen, der beim Staffellauf zu solchem ziel ein potenter Schnelläufer war. Er hat übrigens auch das Wurzelzeichen erfunden.

Als Carl Friedrich Benz, der Ingenieur aus dem Badischen, 1885 das erste (zunächst noch dreirädrige und putzig aussehende) Automobil gebaut hatte, sprach es sich schnell herum, daß ihm als Betriebsstoff Benzin diente – sicher nach dem Erfinder benannt. Schade, daß dem nicht so ist. Das Benzin erhielt seinen Namen schon viel früher, nämlich in der Mitte des 19. Jahrhunderts von Eilhard Mitscherlich. Das leicht brennbare Kohlenwasserstoffgemisch hieß zuerst Benzon, wurde dann aber zur besseren Unterscheidung vom Benzol in Benzin umbenannt.

Der Schotte Alexander Graham Bell hat bekanntlich das Telefon erfunden und 1876 zum Patent angemeldet. Wer jedoch annimmt, die englisch sprechende Welt habe ihm zu Ehren die Klingel »Bell« benannt, der irrt.

Im Jahre 1516 richtete ein Graf auf Befehl Kaiser Maximilians I. (des Kaisers, dem die Stadt Leipzig das Messeprivileg verdankt), den ersten regelmäßigen Postkurs der Welt ein, und zwar zwischen Brüssel und Wien. Der adlige Vater der Postkutschen hieß Franz von Thurn und Taxis. 1545 wurde das Reichs-Oberpostamt ins Leben gerufen. 1595 avancierte Leonhard von Taxis zum Generaloberpostmeister, 1615 gar ernannte man Lamoral von Taxis zum Reichsgeneralpostmeister.

Wäre es nicht sinnvoll, der Name der Taxis lebte in unseren Taxis, den fixen Kindern der Postkutsche, weiter? Aber nein, die Historie und die Sprachwissenschaft wollen es anders. Das Taxi hat seinen Namen vom Taxameter. Und dieses leitet sich vom griechischen Taxis (Ordnung) und vom lateinischen Metrum (Maß) her.

Alle drei Beispiele geben Kunde davon, daß die plausibelsten Kausalitäten nicht stimmen müssen. Den Beweis, daß selbst die unwahrscheinlichsten dagegen der Wahrheit entsprechen, wird dieses Buch hoffentlich nicht schuldig geblieben sein.

1882 eröffnete in Bad Liebenwerda der Landvermesser Robert Reiss einen Versandhandel für Büroartikel, unter anderem für die patentierten REISS-Zeichenanlagen, REISS-Bretter und REISS-Schienen. So günstig sich für ihn diese Namensgleichheit auswirkte: Das Anreißen, von dem Reißschiene, Reißnadel und Reißbrettstift ihre Namen haben, ist erheblich älter.

STICHWORTVERZEICHNIS

INHALTSVERZEICHNIS